三訂版 必携！
サービス提供責任者のための基本テキスト

～業務手引きをズバッと解説～

執筆・監修

 社会福祉法人 横浜市福祉サービス協会

発 行

 公益財団法人 介護労働安定センター

はじめに

　介護保険制度創設以来、最も身近なサービスとして、訪問介護は急激な拡大を遂げてきました。措置時代の訪問介護事業は、社会福祉協議会や外郭団体が中心に担っていましたが、介護保険制度開始前後から多種多様な事業主体の参入が進み、利用の掘り起こしが進んだ結果ともいえます。

　また、訪問介護員を経験して従事する人、福祉系の学校を卒業して従事する人、養成施設の経験を経て従事する人と、そのキャリアも様々で、初任時の質の確保が求められるところです。訪問介護員だった方が、「事業所から頼まれてサービス提供責任者になったが、事業所にサービス提供責任者は自分一人だけで、役割を果たすために苦労した」という話もよく聞くところです。

　サービス提供責任者の業務は、利用申し込みの調整、契約、訪問介護計画書の作成、サービス担当者会議への参加、訪問介護員への指導・相談、利用者の相談等を行う一方、自らサービスを提供するなど、一人でいくつもの業務を行う現実があります。また、コンプライアンスを意識する必要もあります。サービスの内容と範囲について正しく理解し、訪問介護員への指導を的確に行っていない場合、報酬返還のみならず事業所として大きな打撃を受けることも起こりえます。

　本書は、これらの役割を円滑に行っていくため、初任者でも分かりやすく理解していただけるテキストとして構成されています。

　第1章では、サービス提供責任者として行うべき業務について包括的に記載しています。第2章では実務の解説を、第3章では「リスク管理」、第4章では「スキルアップのための特別編」、第5章では「様式集」、第6章には「資料編」を載せ、サービス提供責任者として理解しておかなければならない基本的な事項を記載しています。実務に就いた方に、すぐに役立てていただける内容となっています。

　ようやくサービス提供責任者の役割が評価されつつありますが、「まだまだ十分とは言えない」という意見も多く聞かれ、今後の報酬改定での引き上げや新たな加算が望まれるところです。これからもその役割の重要性を広く理解し、評価していただくためにも、各々が日々「質の向上」に取り組むことが求められることは言うまでもありません。

　このテキスト初版発行の年は、私ども協会の設立25周年の年にもあたりました。すでに協会は、設立から30年以上経過しています。四半世紀以上の経験があって、このような形で本書をまとめることができました。また、出版以来、全国の介護労働安定センターの支部所での研修会はもとより、市町村や社会福祉協議会、事業所単位での研修会でも使用され、多くの関係者の方から「わかりやすい」「使いやすい」と評価をいただいております。このたび、平成30年度施行の介護保険制度改正の内容を盛り込み、本テキストの三訂版を出版する運びとなりました。

　介護保険制度は、急激に増え続ける給付額が国の財政に影響し、訪問介護においては、利用者・事業所双方にとって厳しい状況が続いています。しかしながら、訪問介護は利用者を地域で支えるサービスであり、それを支えるサービス提供責任者の基本的な考え方は変わることなく受け継がれるべきものと思います。

この三訂版も、皆様の手元にいつも置かれ、基本に戻る「よすが」となることを祈ります。これまでに関係した訪問介護員の皆さん、利用者の皆様、関係機関の方々にあらためて深く感謝を申し上げます。

平成 30 年 7 月
社会福祉法人　横浜市福祉サービス協会
専務理事　吉野　明

目　次

第1章　概　論

1　介護保険制度における訪問介護の意義……………………………………………………… 2
2　訪問介護の運営基準…………………………………………………………………………… 6
3　サービス提供責任者の業務…………………………………………………………………… 21
4　サービス提供の基本的姿勢…………………………………………………………………… 28
5　サービス提供の流れ…………………………………………………………………………… 35
6　共生型サービス………………………………………………………………………………… 36

第2章　各　論

1　重要事項の説明と契約………………………………………………………………………… 38
2　サービス担当者会議への参加………………………………………………………………… 42
3　アセスメント…………………………………………………………………………………… 47
4　身体介護サービス……………………………………………………………………………… 54
5　生活援助サービス……………………………………………………………………………… 66
6　訪問介護計画…………………………………………………………………………………… 73
7　訪問介護員の選定・管理……………………………………………………………………… 80
8　同行訪問………………………………………………………………………………………… 84
9　モニタリング…………………………………………………………………………………… 88
10　カンファレンス………………………………………………………………………………… 91
11　記録……………………………………………………………………………………………… 95
12　介護報酬の請求・利用料金…………………………………………………………………… 101
13　報告・連絡・相談……………………………………………………………………………… 108

第3章　リスク管理

1　感染症対策……………………………………………………………………………………… 112
2　緊急時対応……………………………………………………………………………………… 119
3　苦情対応………………………………………………………………………………………… 122
4　事故対応・リスクマネジメント……………………………………………………………… 127
5　個人情報の取扱い……………………………………………………………………………… 132
6　災害対応………………………………………………………………………………………… 138

第4章　スキルアップのための特別編

1　訪問介護員へのスーパービジョン…………………………………………………………… 142
2　ケアマネジメントと訪問介護………………………………………………………………… 149

  3 ICF（国際生活機能分類）と生活リハビリ……………………………………… 152
  4 介護支援専門員との連携……………………………………………………………… 156

第5章 様式集

  1 様式集…………………………………………………………………………………… 162
  2 チェックシート………………………………………………………………………… 169

第6章 資料編

  資料1 介護保険法の体系図……………………………………………………………… 172
  資料2 訪問介護におけるサービス行為ごとの区分等について
      （老計第10号　平成12年3月17日）……………………………………… 174
  資料3 指定訪問介護事業所の事業運営の取扱等について（平成12年　老振第76号）… 178

巻　末

  『社会福祉法人　横浜市福祉サービス協会』のご紹介 ……………………………… 182
  執筆者紹介………………………………………………………………………………… 186

「地域の自主性及び自立性を高めるための改革の推進を図るための関係法律の整備に関する法律」（平成23年法律第37号及び平成23年法律第105号）及び「介護サービスの基盤強化のための介護保険法等の一部を改正する法律」（平成23年法律第72号）の施行により介護保険法（平成9年法律第123号）が改正され、これまで厚生労働省令で規定していた事業所や施設の人員、設備、運営に関する基準等について、都道府県条例で定めることになりました。

当テキストでは、厚生労働省令の内容に基づいて記載をしております。業務の実施に当たっては、一部内容に変更が生じている可能性がありますので、条例内容を改めて確認していただきますようお願いいたします。

第1章　概　論

1. 介護保険制度における訪問介護の意義（p02）

2. 訪問介護の運営基準（p06）

3. サービス提供責任者の業務（p21）

4. サービス提供の基本的姿勢（p28）

5. サービス提供の流れ（p35）

6. 共生型サービス（p36）

第1章　概論

1. 介護保険制度における訪問介護の意義

学習の手引き

ポイント
① 介護保険制度の目的である「自立支援」を理解しましょう。
② 「介護予防」の考え方を理解しましょう。
③ 訪問介護における「自立支援」と「介護予防」の考え方を理解しましょう。

解説

Ⅰ　介護保険制度の目的

　介護保険制度における訪問介護の意義を考えるとき、まず介護保険制度の目的を理解することが重要です。

　介護保険制度の目的は、介護保険法第1条に明記されている「自立支援」です。したがって、介護保険制度の中の訪問介護も、自立を支援するものでなくてはなりません。また、「介護予防」の視点も、サービスを行なう上で必要な考え方です。

Ⅱ　自立支援とは何か

　ひとことに「自立支援」と言っても、「自立」の考え方にはいろいろな視点が必要になります。
　① 生活に必要なADLやIADLなどが自立している「身体的自立」
　② 自分の生活を自分の意思で営んでいく自己決定権の行使である「精神的・心理的自立」
　③ 就労や年金、手当金等により、経済生活が自分の力でできる「経済的自立」

> **《考えてみよう》　事例1**
>
> 　ある重度の身体障害を持つ若者が、こんなことを言っていたことが脳裏を離れません。「自分は一人で着替えができますが、30分以上かかります。ヘルパーさんは『自分でできることは自分で』と言って、居宅サービス計画に着脱の介助は入っていません。いわゆる残存機能の活用ということらしいのです。でも僕は、早く着替えて仕事場に行きたいのです。」
> 　さて、みなさんはこの事例を聞いて、どう考えますか？
> ⇒　これは、自立の中でも「身体的自立」だけに着目し、自己決定権の行使としての「精神的自立」や仕事場に遅れることで給与に影響があるかもしれない「経済的自立」の視点が欠けていたため起きた事例です。

　「自立支援」は、専門職が一方的に「自立」を強制するものではなく、あくまで「本人の望む生活」に向けて、本人が自ら意欲的に実行していく過程を通して実現されるものなのです。
　人間にはいずれ死が訪れます。成長とともに右肩上がりに「自立」していくわけではありません。しかし、そこに至るまでの「本人の望む生活」の実現が、「自立支援」そのものと言えるのではないでしょうか。

Ⅲ 介護予防とは何か

　介護予防は、高齢者が要介護状態等となることの予防や要介護状態等の軽減・悪化の防止を目的として行うものです。特に、生活機能の低下した高齢者に対しては、リハビリテーションの理念を踏まえて、「心身機能」「活動」「参加」のそれぞれの要素にバランスよく働きかけることが重要です。単に高齢者の運動機能や栄養状態といった心身機能の改善だけを目指すものではありません。日常生活の活動を高め、家庭や社会への参加を促し、それによって一人ひとりの生きがいや自己実現のための取組を支援して、生活の質（QOL）の向上を目指していくものです。

> ≪考えてみよう≫　事例2
>
> 　80歳になるAさんは、親しい友人が亡くなったりして、外出する機会も減り、また、「最近、家事が大変だ」と感じるようになっていました。そこで、介護保険を申請し、訪問介護を利用することになりました。
> 　まず、重い物が持てないため、訪問介護員に買い物を依頼するようになりました。また、台所に長く立っていることが難しくなったため、訪問介護員に調理を依頼しました。Aさんは「ヘルパーはありがたい。」と喜んでいました。
> 　さて、この事例の1年後、2年後を予測してみて下さい。また、どのような訪問介護なら、自立支援や介護予防になるのかについても、併せて検討して下さい。
>
> ⇒　Aさんは、大きな病気ではなく、いわゆる「廃用症候群（生活不活発病）」による体力低下でした。しかし、すべて訪問介護員による家事の代行で、Aさんは買い物で外出したり、家事をする機会がなくなっていったため、ますます体力が低下していったのです。
> 　もし、訪問介護員に買い物一切を頼むのではなく、訪問介護員と一緒に買い物に出かけ、自分の目で見て買い物をしたり、支払いをしていれば、足腰や脳の機能低下予防になったと考えられます。

　平成18年施行の介護保険法改正では、軽度者（要支援・要介護1）の増加が著しいことが問題として挙げられました。軽度者に対する保険給付について自立支援の観点から、要支援1・2の対象者に対して「予防給付」が創設されました。「訪問介護」の要支援者向けサービスとして、「介護予防訪問介護」が実施されてきました。

　近年は、地域の高齢者が、積極的に生活支援等の担い手にもなり、支援が必要な高齢者を支えていくことや、高齢者の社会参加や社会的役割を促進していくことが求められるようになってきました。このような背景から、平成27年4月施行の介護保険法改正では、全国一律で提供されていた「介護予防訪問介護」について、市町村が取り組む地域支援事業の中の「介護予防・日常生活支援総合事業」に移行されました。対象者は、要支援1・2とそれ以外の者となります。

Ⅳ 訪問介護と自立支援・介護予防

それでは、訪問介護の中で、どのように「自立支援」や「介護予防」を考えたら良いのでしょうか。

≪考えてみよう≫ 事例3

　介護支援専門員に介護者である娘さんから、「最近、お婆ちゃん（Bさん）の認知症が進んで味つけができなくなったので、ヘルパーさんに調理をお願いしたい。」と居宅サービス計画の依頼がありました。さっそく介護支援専門員は、訪問介護員による調理を居宅サービス計画に位置づけ、訪問介護員派遣の依頼を受けたサービス提供責任者も、居宅サービス計画に基づいて調理を含んだ生活援助による訪問介護計画を作成しました。

　さて、「自立支援」や「介護予防」の考え方から、この事例の何が問題だったのかを検討してみて下さい。

⇒　介護支援専門員は、「認知症が進んで味つけができなくなったので、ヘルパーに調理をして欲しい」という介護者からの依頼をそのまま居宅サービス計画にしてしまいました。また、サービス提供責任者も、介護支援専門員からの依頼をそのまま訪問介護計画としてしまいました。

　「ヘルパーさんに調理をお願いしたい」はディマンズ（要望）といって、大切な要素ですが、ディマンズをそのまま居宅サービス計画にしてしまったことに問題があります。ディマンズだけの居宅サービス計画は、「できないところを援助する」だけになりがちです。ディマンズを受け、専門職の視点からアセスメントを行い、「できなくなった原因を究明する」ことが必要でした。

　実は、Bさんは、包丁さばきも料理の手順も見事であることがわかりました。唯一できないことは、塩を入れたことを忘れてしまうことだけでした。そこで、訪問介護員は調理を見守る中で、味つけを2回しないように声かけをしていくことになりました。

　もし、あのまま訪問介護員にすべての調理を依頼していたら、Bさんは訪問介護員の作った料理を上げ膳据え膳でいただくだけで、「調理をするという生活行為を喪失」していたかもしれません。

以上のように、ディマンズだけに基づいた居宅サービス計画や介護サービスは、「自立支援」や「介護予防」にならないことがわかります。第4章で、ディマンズだけに基づかない訪問介護の展開を考えます。

【参考】

介護保険法　平成9年12月17日　法律　第123号
第1条（目的）
　この法律は、加齢に伴って生ずる心身の変化に起因する疾病等により要介護状態となり、入浴、排せつ、食事等の介護、機能訓練並びに看護及び療養上の管理その他の医療を要する者等について、これらの者が尊厳を保持し、その有する能力に応じ自立した日常生活を営むことができるよう、必要な保健医療サービス及び福祉サービスに係る給付を行うため、国民の共同連帯の理念に基づき介護保険制度を設け、その行う保険給付等に関して必要な事項を定め、もって国民の保健医療の向上

及び福祉の増進を図ることを目的とする。

第2条（介護保険）
1 介護保険は、被保険者の要介護状態又は要支援状態（以下「要介護状態等」という。）に関し、必要な保険給付を行うものとする。
2 前項の保険給付は、要介護状態等の軽減又は悪化の防止に資するよう行われるとともに、医療との連携に十分配慮して行われなければならない。
3 第1項の保険給付は、被保険者の心身の状況、その置かれている環境等に応じて、被保険者の選択に基づき、適切な保健医療サービス及び福祉サービスが、多様な事業者又は施設から、総合的かつ効率的に提供されるよう配慮して行わなければならない。
4 第1項の保険給付の内容及び水準は、被保険者が要介護状態となった場合においても、可能な限り、その居宅において、その有する能力に応じ自立した日常生活を営むことができるように配慮されなければならない。

第4条（国民の努力及び義務）
1 国民は、自ら要介護状態となることを予防するため、加齢に伴って生ずる心身の変化を自覚して常に健康の保持増進に努めるとともに、要介護状態となった場合においても、進んでリハビリテーションその他の適切な保健医療サービス及び福祉サービスを利用することにより、その有する能力の維持向上に努めるものとする。

訪問介護におけるサービス行為ごとの区分等について　平成12年3月17日老計第10号
① 利用者の身体に直接接触して行う介助サービス
　（そのために必要となる準備、後かたづけ等の一連の行為を含む）
② 利用者のＡＤＬ・ＩＡＤＬ・ＱＯＬや意欲の向上のために利用者と共に行う自立支援・重度化防止のためのサービス
③ その他専門的知識・技術（介護を要する状態となった要因である心身の障害や疾病等に伴って必要となる特段の専門的配慮）をもって行う利用者の日常生活上・社会生活上のためのサービス

2. 訪問介護の運営基準

学習の手引き

ポイント
① 運営基準とは何かを理解しましょう。
② 運営基準から、日々の業務の意味をより深く理解しましょう。
③ 基準に定められている訪問介護について学びます。

解 説

I 指定居宅基準とは

訪問介護については、
⇒「指定居宅サービス等の事業の人員、設備及び運営に関する基準」(以下、「基準」という)
(平成11年3月31日厚生省令第37号)

　この基準は、訪問介護サービス事業者として必要な最低限度の基準を定めたものです。そのため、この基準を満たさない場合は、指定や更新を受けられません。また、基準違反が明らかになった場合は勧告・命令を受け、更にそれに従わない場合は指定取消や効力停止になってしまいます。ただし、以下の場合は、違反が深刻であるため、勧告・命令を経ないで、直ちに取消や効力停止となります。

≪直ちに指定取消や効力停止となる事項≫

① 訪問介護サービス事業者が、自己の利益を図るために、
  ・利用者負担を適正に受けなかったとき
  ・介護支援専門員やその所属する事業者に金品等を贈り、特定の事業者を利用してもらえるようにしたとき
② 利用者の生命または身体の安全に危害を及ぼすおそれがあるとき
③ その他、①②に準ずる重大かつ明白な基準違反があったとき

　また、最低限度の基準ということからも、基準以上の運営の向上に努める必要があります。
　基準は、総則からはじまり、①基本方針　②人員に関する基準　③設備に関する基準　④運営に関する基準　⑤基準該当サービスに関する基準　から構成されています。この「訪問介護の運営基準」では、基本方針と運営基準を中心に解説していきます。

Ⅱ 指定居宅サービスの事業の一般原則【基準第3条】

1. 指定居宅サービス事業者は、利用者の意思及び人格を尊重して、常に利用者の立場に立ったサービスの提供に努めなければならない。
2. 指定居宅サービス事業者は、指定居宅サービスの事業を運営するに当たっては、地域との結び付きを重視し、市町村、他の居宅サービス事業者その他の保健医療サービス及び福祉サービスを提供する者との連携に努めなければならない。

　　他の居宅サービスも含めての一般原則となります。介護保険制度の基本理念である『利用者本位』『保健・医療・福祉サービスの総合的・効率的な提供』を、一般原則として明確にしたものです。

※本テキストでは、「市町村」と「市区町村」を同義語として扱います。

Ⅲ 基本方針【基準第4条】…第1章「介護保険制度における訪問介護の意義」を参照

指定居宅サービスに該当する訪問介護の事業は、要介護状態となった場合においても、その利用者が可能な限りその居宅において、その有する能力に応じ自立した日常生活を営むことができるよう、入浴、排せつ、食事の介護その他の生活全般にわたる援助を行うものでなければならない。

　　介護保険制度の基本理念である『在宅重視』と『自立支援』を、基本方針として明確にしたものです。

Ⅳ 運営に関する基準

　運営基準とは、「しなければならないこと」「してはならないこと」が書かれているものです。
　管理者をはじめ、サービス提供責任者から訪問介護員にいたるまで守らなければならない業務上の基準ですので、管理者がしっかり理解しておくとともに、管理者は、サービス提供責任者や訪問介護員にまで周知徹底する責務があることを認識しなければなりません。

1. 内容及び手続きの説明及び同意【基準第8条】…第2章「重要事項の説明と契約」を参照

　　介護保険制度の基本理念である「利用者によるサービス選択」を具体化したものです。
　　利用者がサービス事業者を選ぶことができるよう、サービスが開始される前に、事業所の重要事項を文書で説明し、同意を得なければなりません。同意も、利用者と事業者の双方が「聞いた、聞いていない」「説明した、説明していない」という齟齬が生じないよう、文書で確認することが望ましいとされています。
　　みなさんの職場では、契約書と同時に重要事項説明書として交付し、同意したことを表すために署名・捺印をしていただいていることが多いと思います。

≪重要事項説明書に記載することが望ましい項目≫

①運営規程の概要（運営規程については、(22)で解説します）
②訪問介護員等の勤務体制、秘密の保持、事故発生時の対応、苦情処理の体制

2．提供拒否の禁止【基準第9条】

　事業者は、利用申込みに対して断ることは、以下の<u>正当な理由</u>以外は、禁止されています。
　特に、要介護度や所得の多寡のほか、生活援助の利用を断るなど特定のサービス行為以外の訪問介護の利用を断ることや、支援が困難であるなどの理由でサービス提供を断ることはしてはならないのです。

≪提供を断ることができる正当な理由≫

① 事業所の現員からは応じきれない場合
　訪問介護員不足等の理由が該当します。
② 事業所のサービス提供地域外である場合
　サービス提供地域は、運営規程で定めます。
　運営規程で定めた地域外の申し込みは断ることができますが、地域外にサービス提供することを制限するものではありません。
③ その他、適切なサービスを提供することが困難な場合
　事業所の力量や体制等が考えられます。
　例えば、医療依存度が高く技量的に危険が伴う場合や、利用者の体重が重く男性の訪問介護員の方が適しているが、事業所に男性の訪問介護員がいないなどが考えられます。

3．サービス提供困難時の対応【基準第10条】

　正当な理由で利用申込みを断った場合、介護支援専門員に連絡することで、通常は介護支援専門員が他の事業者を探すことになります。しかし、場合により他の訪問介護サービス事業者等を紹介するなどの対応も訪問介護サービス事業者には求められているのです。日ごろの他の訪問介護サービス事業者等との連携が問われます。

4．受給資格等の確認【基準第11条】…第2章「重要事項の説明と契約」
　　　　　　　　　　　　　　　　　　　「介護報酬の請求・利用料金」を参照

　介護支援専門員は訪問介護サービス事業者に利用者の介護保険情報を提供しますが、訪問介護サービス事業者自らも介護保険証で確認をする必要があります。
　また、介護保険証だけでなく、訪問介護を利用するにあたって、低所得者減免等、利用料に関する各種の公費負担制度がありますので、減額証を確認しましょう。負担割合については、負担割合証で確認します。

≪介護保険証で確認する項目≫

　被保険者資格の有無、要介護認定の有無、要介護認定の有効期間、介護認定審査会の意見（ほとんど見かけませんが、記載されている場合は、意見に配慮したサービス提供に努める必要があります）

5．要介護認定の申請に係る援助【基準第12条】

同様の基準が、介護支援専門員の居宅介護支援の運営基準においても明記されています。

通常は、介護支援専門員から利用申込みがある時点で、申請手続きは済んでいるか、あるいは介護支援専門員が申請代行していることが多いので、訪問介護サービス事業者が援助する場面は少ないと思われます。しかし、数は少ないですが、居宅サービス計画は自己作成もできるので、介護支援専門員が関わっていない利用者もいることに注意して下さい。

同様に、更新申請も介護支援専門員により援助されていることが多いのですが、更新の場合は遅くとも有効期間が終了する30日前までに手続きの必要があります。

なお、申請の援助は、当然に利用者の意思の確認が前提になります。利用者獲得を意図して申請代行を勧誘したり、申請の確認も行わず申請代行することなどは行ってはいけません。

6．心身の状況等の把握【基準第13条】

…第2章「サービス担当者会議への参加」「アセスメント」を参照

> 介護支援専門員が開催するサービス担当者会議等で、利用者の心身の状況、その置かれている環境、他の保健医療サービス、福祉サービスの利用状況等の把握に努めなければなりません。

サービス担当者会議とは、居宅サービス計画に位置づけられたサービス事業者等が一堂に会し、居宅サービス計画について専門的見地から検討する会議です。会議では、利用者の情報の共有や他のサービスとの役割分担などもなされます。

サービス提供責任者は、サービス担当者会議で状況を把握するだけではなく、サービス提供のためのより詳細な状況の把握が必要となります。介護支援専門員が実施する一次アセスメントに対して、サービス提供責任者が実施するアセスメントを二次アセスメントといいます。

7．居宅介護支援事業者等との連携【基準第14条】

連携とは具体的にどのようなものがあるのでしょうか？

介護支援専門員との連携は、利用者の状況等の変化があったときの介護支援専門員への随時連絡や、月末の実績報告時の状況報告が挙げられます。サービス事業者との連携は、連絡ノートなどで状況を共有する場合もあるでしょう。

また、サービスが終了するときも、利用者や家族に指導を行い、介護支援専門員や他のサービス事業者等への引継ぎ等、情報の提供をするよう努めなければなりません。

介護保険は「チームケア」ですから、チームの連携は言うまでもないことなのです。

8．法定代理受領サービスの提供を受けるための援助【基準第15条】

…第2章「介護報酬の請求・利用料金」を参照

介護保険では、以下の条件があれば、9割分を事業者が国民健康保険団体連合会（以下、「国保連」）へ報酬請求することで、利用者は1割負担(※)で利用できる仕組みをとっています。

※利用者負担については、第1号被保険者で一定以上の所得のある人は、所得に応じて2割負担もしくは3割負担となっています（3割負担は、平成30年8月から）。

≪法定代理受領による現物給付化の条件≫

① 居宅サービス計画を作成する居宅介護支援事業者を市町村に届け出ていること（自己作成の場合も、自己作成であることを市町村に届け出る）
② 受けるサービスが居宅サービス計画の対象であること
（つまり、居宅サービス計画にない訪問介護は提供できないということ）
③ 介護保険の指定事業者から指定サービスを受けること

そのため、介護支援専門員が決まっていないという利用者には、介護支援専門員か自己作成かを決める必要があることや、場合によっては居宅介護支援事業者の情報提供も必要になります。

≪償還払いと法定代理受領≫

介護保険制度は、法律の文言上は「償還払い方式」ですが、これでは利用者は手続きが不便なため、上記の条件のもとで「法定代理受領」という形で「現物給付化」をしています。

『償還払い方式』…10割分をいったん支払い、申請により保険者から後日9割分が戻される方式。医療保険証を忘れると、いったん全額を支払い、後日保険証を提示して患者負担以外の分が戻されるのと一緒です。

『現物給付』………現金ではなく、現物の形で提供する給付形態のこと。例えば、施設利用のサービス給付・生活援助サービス・物品の貸与などです。介護保険では、利用者は利用者負担分だけでサービスを利用できます。

『法定代理受領』…9割分は事業者が代理で国保連から費用を受領するため、利用者は利用者負担分のみで利用できます。

※利用者負担については、第1号被保険者で一定以上の所得のある人は、所得に応じて2割負担もしくは3割負担となっています（3割負担は、平成30年8月から）。

9．居宅サービス計画に沿ったサービスの提供【基準第16条】

居宅サービス計画が作成されている場合は、居宅サービス計画に沿ったサービスを提供しなければなりません。

10．居宅サービス計画等の変更の援助【基準第17条】

利用者から居宅サービス計画変更の相談があった場合、あるいは利用者の状態等の変化により、追加等の居宅サービス計画変更が必要と判断し利用者の同意を得た場合、介護支援専門員に連絡しなければなりません。

介護支援専門員への連絡をせずに居宅サービス計画変更の手続きをしないまま追加等のサービスを行った場合は、居宅サービス計画に位置づけられたサービスとはならないことから、介護保険制度を利用できず全額自己負担となる点に注意が必要です。

なお、1割※負担で利用するためには、支給限度基準額内に収まる必要があることを説明する必要があります。

※利用者負担については、第1号被保険者で一定以上の所得のある人は、所得に応じて2割負担もしくは3割負担となっています（3割負担は、平成30年8月から）。

11. 身分を証する書類の携行【基準第18条】

訪問系のサービスには、この基準が定められています。

昨今では高齢者を狙った悪質な訪問による詐欺が横行しているので、この基準は高齢者の擁護にもつながるものと認識して下さい。

具体的には、初回訪問時や利用者から求められたときは提示できるよう、身分証明書や名刺等を常に携行することが必要です。事業所の名称、訪問介護員等の氏名を記載し、写真や職能（訪問介護員、サービス提供責任者等）も記載することが望ましいとされています。

12. サービスの提供の記録【基準第19条】…第2章「記録」を参照

利用者やサービス事業者が、支給限度基準額の残額やサービスの利用状況を把握できるように、サービスを提供したときは、事業者は居宅サービス計画またはサービス利用票等に、以下の内容を記載しなければなりません。

≪記録の内容≫

サービス提供日、サービス内容（身体介護、生活援助、通院等乗降介助の別）、保険給付額、利用者の心身の状況等その他必要な事項

また、これらの記録は、事業者等間の連携等を図るため、利用者から記録の開示を求められたときは、文書等で利用者に提供しなければなりません。現状では、事業者はサービス提供ごとに、サービス提供記録票等の様式を作成したり、利用者の用意する連絡帳等に記録しているのが通常だと思われます。

なお、記録については、サービス提供が終了してから2年間保存しなければなりません。サービス提供が終了してからという意味は、施設入所や死亡などで在宅サービスの利用そのものがなくなることで、その時点から2年間保存する義務があるということです。つまり、現在、訪問介護サービスを利用している利用者については、2年前の記録を廃棄してはいけないということです。

13. 利用料等の受領【基準第20条】

利用料については、以下の3種類があります。
（1）法定代理受領サービスの場合（現物給付・利用者負担1割の場合）
　　　利用料＝サービス費用基準額－国保連から支払われるサービス費
　　　（1割分）　　（10割分）　　　　　　（9割分）
（2）法定代理受領サービスではない場合（償還払いの場合）

利用者間の公平及び保護の観点から、現物給付と償還払いの利用料に、一方の管理経費を他方へ転嫁することで不合理な差額を設けるようなことはあってはならないとしています。

なお、保険外の自費サービスについても、次のような方法により別の料金設定で行うことができます。
- イ　利用者に、保険内の訪問介護とは別のサービスであることを説明し、理解を得ること
- ロ　そのサービスの目的・運営方針・利用料等が、保険内の訪問介護の運営規程とは別に定められていること
- ハ　会計が保険内の訪問介護とは区分されていること

(3) サービス利用料以外の利用者負担

運営規程で定める通常のサービス提供実施地域外でサービス提供を行う場合は、交通費を利用者から受け取ることができます。その場合、あらかじめ利用者や家族にその内容と費用について説明し、同意を得なければなりません。なお、この規程は、保険内と保険外を明確に区分し、あいまいな名目による費用の徴収を防ぐために規定しているものです。

※（定率負担の軽減等）災害等特別の事情により負担軽減されている場合や、保険料未納により3割負担になっている場合があり、被保険者証による確認が必要です。

14. 保険給付の請求のための証明書の交付【基準第21条】

法定代理受領サービスではない場合（つまり償還払いの場合）は、利用者は後日、市町村に償還手続きをすることになりますが、そのときに必要な事項を証明するものが必要になります。

具体的には、サービス内容・サービス費用額・その他必要な事項を記載した「サービス提供証明書」を利用者に対して交付しなければなりません。

15. 指定訪問介護の基本取扱方針【基準第22条】

1. 指定訪問介護は、利用者の要介護状態の軽減又は悪化の防止に資するよう、その目標を設定し、計画的に行われなければならない。
2. 指定訪問介護事業者は、自らその提供する指定訪問介護の質の評価を行い、常にその改善を図らなければならない。

基準第23条以降の具体的な訪問介護事業（取扱方針）の基本的な考え方などを示しています。

(1) 要介護状態の軽減又は悪化防止のための目標設定と計画的実施

過剰なサービス利用や適切なアセスメントを実施しないままサービスを安易に導入することは、利用者のできることを低下させてしまうことに留意する必要があります。

そのため、適切なケアマネジメントのもとで、サービス利用のための居宅サービス計画ではなく、「利用者の望む生活」に向けた目標指向型の居宅サービス計画とそれに基づいた計画的なサービス提供、目標達成度や満足度等について常に評価を行い、訪問介護計画の修正を行うなど、改善を図らなければなりません。

(2) 自らによる質の評価

評価には、自己評価、利用者評価、第三者評価などがあります。事業者は、サービスの質の向上に努めなければなりません。

16. 指定訪問介護の具体的取扱方針【基準第23条】

(1) 訪問介護計画に基づく日常生活の支援

訪問介護計画にないサービスを提供することは原則できません。しかし、緊急時や利用者の状態等により、訪問介護計画にないサービス提供が必要な場合は、介護支援専門員と連携を図り、サービス提供を行う場合もあります。

(2) 懇切丁寧なサービス提供と説明

自立支援のためには、利用者や家族の主体的な参加や課題解決に向けた意欲が重要です。そのため、サービス提供方法等を利用者や家族に対して理解しやすいように説明することが必要です。

(3) 適切な介護技術の提供

日々進歩している介護技術を常に取り入れ、利用者にとって適切な介護技術でサービス提供をする必要があります。

(4) 利用者の心身の状況や置かれている環境等の把握

訪問介護の大切な業務の一つに、相談・助言があります。そのためには、利用者の心身の状況や置かれている環境等を把握する必要があります。

17. 訪問介護計画の作成【基準第24条】…第2章 「訪問介護計画」を参照

サービス提供責任者は、訪問介護計画の作成にあたっては、以下（(1)～(5)）のことを実施しなければなりません。

(1) 訪問介護計画の内容

利用者の日常生活全般の状況及び希望を踏まえて、解決すべき課題をアセスメントし、援助の方向性や目標・目標を達成するためのサービス内容等を記載した訪問介護計画を作成しなければなりません。

≪具体的な記載項目≫

訪問介護員等の氏名、サービス内容、所要時間、日程等（様式については、定めはありません）

(2) 居宅サービス計画に基づく訪問介護計画の作成

居宅サービス計画が作成されている場合は、居宅サービス計画に基づいて訪問介護計画を作成しなければなりません。訪問介護計画作成後に居宅サービス計画が変更された場合は、居宅サービス計画に沿っているか確認し、必要に応じて変更します。

(3) 訪問介護計画の説明・同意

訪問介護計画の内容について、利用者や家族に対して説明し、同意を得なければなりません。これは、利用者の意向を反映する機会を保障するものです。

(4) 訪問介護計画の交付

訪問介護計画を遅滞なく利用者に交付しなければなりません。

訪問介護計画も、記録と同様、サービス提供が終了してから2年間保存しなければなりません。

(5) 訪問介護計画の実施状況の把握

訪問介護計画の実施状況を把握し、必要に応じて訪問介護計画を変更します。また、変更の場合も、上記（1）から（4）の手続きが必要になります。

18. 同居家族に対するサービス提供の禁止【基準第25条】

　例えば、同居している娘が母親に対して訪問介護を提供した場合、どこまでが訪問介護員としての業務で、どこからが家族としての役割なのかを明確にすることが難しいため、このような規定ができました。ただし、訪問介護サービス事業者が不足している地域などにおいては、基準該当サービスとして市町村が認めた場合、第42条の2に「同居家族に対するサービス提供の制限」として、禁止ではなく一定のルールのもとで認めています。

　ここで、同居していない家族による訪問介護は認められているのか、という疑問が出てきます。同居をしていないとは言え、同様の理由で、訪問介護サービス事業者が多数ある都市部などでは、家族による公的サービスをわざわざ選択する理由は乏しいと言えるでしょう。

19. 利用者に関する市町村への通知【基準第26条】

　以下の事実が明らかな場合は、事業者は保険給付の適正化の観点から、市町村に意見をつけて通知しなければなりません。

① 利用者が故意に犯罪行為や重大な過失等、正当な理由なく、訪問介護の利用に関する指示に従わず、要介護状態が悪化したと認められるとき
② 偽りその他の不正な行為によって保険給付を受けている、又は受けようとしているとき

20. 緊急時等の対応【基準第27条】…第3章「緊急時対応」「災害対応」を参照

　利用者に病状の急変が起きた場合などは、主治医や介護支援専門員への速やかな連絡など、必要な対応をしなければなりません。

21. 管理者及びサービス提供責任者の責務【基準第28条】

　　　　　　　　　　　　　　　　　　　…第1章「サービス提供責任者の業務」を参照

（1）管理者の責務

① 事業所の従業者及び業務の管理は、管理者が一元的に行います。つまり、事業所の従業者とすべての業務を管理します。
② この運営基準を従業者に遵守させるための指揮命令を行います。

（2）サービス提供責任者の責務・・・詳細は、「サービス提供責任者の業務」を参照

　平成24年度施行の介護保険制度改正により、「複数のサービス提供責任者を配置する指定訪問介護事業所において、サービス提供責任者間での業務分担を行うことにより、指定訪問介護事業所として当該業務を適切に行うことができているときは、必ずしも1人のサービス提供責任者が当該業務の全てを行う必要はない。」とされました。また、平成30年度施行の改正では、「利用者の口腔に関する問題や服薬状況等に係る気付きを、サービス提供責任者から居宅介護支援事業者等のサービス関係者に情報を伝えて共有すること」が明確化されました。

22. 運営規程【基準第29条】

　運営規程とは、事業の運営についての重要事項に関する規程のことで、事業所は以下の項目について定めておかなければなりません。

　基準第8条で、この重要事項について、利用者へ説明・同意を求めています。通常は、この規程を重要事項説明書として文書化し、契約時に交付します。

≪運営規程に定める重要事項≫

① 事業の目的及び運営の方針
② 従業者の職種、員数及び職務の内容
③ 営業日及び営業時間
④ 指定訪問介護の内容及び利用料その他の費用の額
　内　容：身体介護、生活援助、通院等のための乗車又は降車の介助等
　利用料：基準第20条を参照
⑤ 通常の事業の実施地域
　客観的にその区域が特定されることが必要です。基準第9条で解説したとおり、実施地域内のサービス提供の拒否は基準違反にあたりますが、実施地域を越えてサービスを提供することは構わないとされています。
⑥ 緊急時等における対応方法
⑦ その他運営に関する重要事項

23．介護等の総合的な提供【基準第29条の2】

　基準第4条の基本方針の「生活全般にわたる援助」を明確化したものです。訪問介護には、入浴・排せつ・食事等の身体介護、調理・洗濯・掃除等の生活援助、通院等乗降介助の3類型がありますが、このうち特定の援助のみを提供するということは、総合的な訪問介護の提供とは言えず、基準違反となります。

・　身体介護のうち特定のサービス行為に偏る（外出介護のみなど）
・　生活援助のうち特定のサービス行為に偏る（掃除のみなど）
・　通院等のための乗車又は降車の介助に限定されている
・　上記のサービスが、一定期間中の提供時間の大半を占めている場合
　　（身体介護や生活援助の一方のみ提供する場合には、一定の手続きが必要になります。詳しくは、老振第76号（第6章）を参照。）

　また、「偏っている」ことが、運営方針・広告・勤務体制等の事業運営全般から判断される場合も、本条に抵触することになります。
　ただし、通院等乗降介助は、道路運送法上の許可等が必要となるため、訪問介護サービス事業所であればどこでも提供できるものではありません。しかし、通院等乗降介助もあくまでも訪問介護の1類型である以上、乗車降車の介助だけではなく、居宅での外出の準備や病院での手続きまでを通院等乗降介助として規定しています。
　なお、本条は、基準該当訪問介護事業者には適用されません。

24．勤務体制の確保等【基準第30条】

（1）訪問介護員等の勤務体制の確保
　適切な訪問介護の提供を確保するため、事業所ごとに、原則として月ごとに訪問介護員等の勤務表を作成することを義務付けています。

≪勤務表に記載する内容≫
・日々の勤務時間　・職務の内容　・常勤・非常勤の別 ・管理者との兼務関係　・サービス提供責任者かどうか

(2) 事業所の訪問介護員による訪問介護の提供

　　同じ法人だからといって、A事業所の訪問介護に、B事業所の訪問介護員を派遣してよいということにはなりません。ただし、A事業所とB事業所の両方に所属していれば、両方の事業所で訪問介護の提供をすることができます。

　　この規定は、雇用契約その他の契約により、事業所の管理者の指揮命令のもと、訪問介護員がサービス提供することを意味しています。

　　平成24年度施行の介護保険制度改正に伴い、「労働者派遣事業の適正な運営の確保及び派遣労働者の保護等に関する法律」（労働者派遣法）に規定する労働者派遣契約に訪問介護員も対象となりました。ただし、平成24年度施行の社会福祉士及び介護福祉士法の改正によって可能となった喀痰吸引等を、労働者派遣契約による訪問介護員は業として行うことはできません。

(3) 研修の機会の確保

　　訪問介護員等には、研修の機会を確保するよう求めています。研修の機会とは、事業所が直接研修を実施する以外に、他機関主催の研修に派遣したり、訪問介護員の自己研鑽のために休暇を与えたり、機材を貸与することも含まれると考えられます。

25. 衛生管理等【基準第31条】…第3章「感染症対策」を参照

　　訪問介護員等の清潔の保持や健康管理は、訪問介護員自身が感染源になることを予防し、訪問介護員を感染の危険から守るために必要になります。例えば事業所に手指消毒剤を用意する、感染症予防の使い捨て手袋やマスクを配布する、定期健康診断の実施などが考えられます。

　　また、事業所は、設備及び備品の衛生的な管理が求められます。

26. 掲示【基準第32条】

　　事業所は、申込者がサービスを選択するのに役立つ重要事項として、以下の項目を事業所の見やすい場所に掲示しなければなりません。

≪掲示する内容≫
運営規程の概要、訪問介護員等の勤務体制、その他サービスの選択に役立つ重要事項

27. 秘密保持等【基準第33条】…第3章「個人情報の取扱い」を参照

(1) 秘密保持

　　訪問介護員等、直接利用者に対応する従業者だけではなく、事業所の従業者全員が、正当な理由なく利用者や家族の秘密を漏らしてはなりません。

(2) 退職後の秘密保持

　　従業者が事業所を退職した後も守られなければならないので、事業所としては、例えば就業規則に秘密保持義務を定めたり、雇用時に誓約書の提出を求めるなど、必要な措置をとることが求

められます。

(3) サービス担当者会議等における個人情報の提供

サービス担当者会議等で利用者や家族の情報を提供する場合も、<u>あらかじめ文書で同意を得る必要</u>があります。このとき、利用者の情報は利用者の同意を、家族の情報は家族の同意をそれぞれに得る必要があることに注意が必要です。なお、この同意は、サービス開始時に包括的に同意を得ることで足りるとされています。

28. 広告【基準第34条】

虚偽や誇大広告であってはなりません。広告の内容は、運営の方針、職員の職種、営業日、営業時間、サービス提供方法、内容及び利用料、実施地域等の事業内容が適切と言えます。

29. 不当な働きかけの禁止【基準第34条の2】

訪問介護事業者は、居宅介護支援事業所のケアマネジャー（セルフケアプランの場合には当該被保険者）に対して、自身の事業所のサービス利用に係る不当な働きかけを行ってはいけません。

30. 居宅介護支援事業者に対する利益供与の禁止【基準第35条】

介護保険制度の基本理念である「公正中立」を明確にしたものです。

居宅介護支援事業の基本方針には「特定の種類又は特定の居宅サービス事業者に不当に偏することのないよう『公正中立』に行う」と規定され、更に運営基準では「居宅サービス事業者等からの利益収受の禁止等」と規定されています。このことから、居宅サービス事業者には、居宅介護支援事業者やその従業者に金品その他財産上の利益を供与し、特定の事業者の利用の誘導を行うことを禁じる規定を定めました。

31. 苦情処理【基準第36条】…第3章「苦情対応」を参照

① 苦情受付窓口の設置
② 苦情受付内容の記録
③ 市町村への協力と市町村からの指導又は助言に従った必要な改善
④ 市町村への改善内容の報告
⑤ 国民健康保険団体連合会への協力と国民健康保険団体連合会の指導又は助言に従った必要な改善
⑥ 国民健康保険団体連合会への改善内容の報告

事業所における苦情処理の概要を明らかにするために、相談窓口の連絡先、苦情処理体制及び手順等を、利用申込者に文書で説明し、事業所内に掲示しなければなりません。契約時の重要事項説明書に記載しておくと良いでしょう。

なお、苦情処理の記録については、サービス提供が終了してから2年間保存しなければなりません。

32. 地域との連携【基準第36条の2】

居宅基準第3条第2項の趣旨に基づき、介護相談員を派遣する事業を積極的に受け入れる等、

市町村との密接な連携に努めることを規定したものである。
　なお、「市町村が実施する事業」には、介護相談員派遣事業のほか、広く市町村が老人クラブ、婦人会その他の非営利団体や住民の協力を得て行う事業が含まれるものである。

　基準第3条第2項では、「地域との結び付きを重視し、市町村、他の居宅サービス事業者その他の保健医療サービス及び福祉サービスを提供する者との連携に努めなければならない」と定めています。この基準に基づき、平成24年度施行の介護保険制度改正により追加されました。
　「介護相談員派遣等事業」は、平成12年度介護保険制度施行と同時に実施されました。市町村は、介護保険の保険者として、介護保険事業の機能を十分に監督し、被保険者が適切にサービスを利用できるようにその権利を守る責務の一環として本事業を実施しています。平成18年度施行の介護保険制度改正では、介護保険制度に創設された地域支援事業での事業実施が方向づけられました。
　介護保険のサービスに関する苦情は、市町村や国民健康保険団体連合会が受けつけますが、これはあくまでも事後処理が中心となります。介護相談員の活動目的は、苦情申し立てにいたるほど問題が大きくならないうちに、解決を図ることにあります。

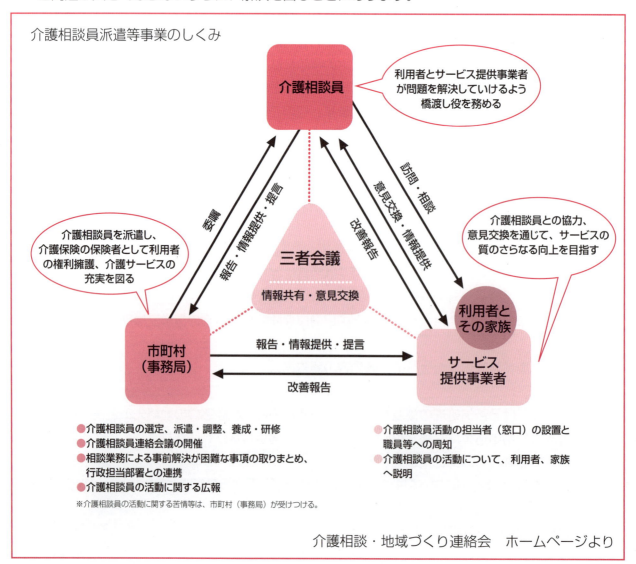

介護相談・地域づくり連絡会　ホームページより

33. 事故発生時の対応【基準第37条】…第3章「事故対応・リスクマネジメント」を参照

（1）事故発生時の市町村、家族、居宅介護支援事業者等への連絡
（2）事故の記録
　　記録については、サービス提供が終了してから2年間保存しなければなりません。
（3）損害賠償
　　事故発生時の対応をあらかじめ定めておくとともに、損害賠償保険に加入しておくか、もしくは賠償資力を有することが望ましいと言えます。
（4）再発防止
　　事故の原因を究明し、再発防止策を講じることが重要です。

34. 会計の区分【基準第38条】

　同一法人であっても、事業所ごとに会計を区分するとともに、その他の事業の会計とも区分することが必要です。

　　※　具体的な会計処理の方法等については、
　①「指定介護老人福祉施設等に係る会計処理等の取扱いについて」
　　　　　　　（平成12年3月10日　老計第8号）
　②「介護保険の給付対象事業における会計の区分について」
　　　　　　　（平成13年3月28日　老振発第18号）

35. 記録の整備【基準第39条】…第2章「記録」を参照

　記録と2年間の保存を義務付けられている項目は、以下のとおりです。

≪記録を義務付けられている項目≫

① 訪問介護計画
② サービス内容等の記録
③ 市町村への通知の記録
④ 苦情の内容等の記録
⑤ 事故の状況及び処置の記録

　なお、保存期間の2年とは、サービス提供が終了してから2年間であって、2年前の記録を廃棄してはいけないことに留意しなければなりません。

36. 共生型訪問介護の基準【基準第39条の2】

　共生型訪問介護については、障害福祉制度における居宅介護、重度訪問介護の指定を受けた事業所であれば、基本的に共生型訪問介護の指定を受けられるものとして、基準が設定されます。

Ⅴ 基準該当居宅サービスに関する基準

　介護保険の指定サービス事業者の適用を受けるには、法人格や人員・設備基準などの最低基準が求められます。しかし、法人格はないが一定の基準を満たしている、あるいは法人格はあるが人員基準など一部を満たしていないが、介護保険のサービス提供事業者として<u>市町村</u>が認める場合を、基準該当居宅サービスといいます。

　第1節（基本方針）と第4節（運営に関する基準）のうち、以下のものを除き、基準該当訪問介護事業について準用します。

- 第15条（法定代理受領サービスの提供を受けるための援助）
- 第20条の1（利用料等の受領のうち、法定代理受領に関すること）

　　複数の市町村で基準該当訪問介護として認められる場合は、利用者の住所地によって利用料が異なることは認められません。

- 第25条（同居家族に対するサービス提供の禁止）は、
  第42条の2（同居家族に対するサービス提供の制限）へ

　　離島・山間のへき地等で、訪問介護だけではサービスが不足する場合に、例外的に認められるものです。要件を満たすことが必要で、満たしていないことが判明した場合は、保険給付の返還を求められることがあります。また、他の居宅サービスが適切に組み合わされているかどうか、同居家族である訪問介護員の全従事時間のおおむね2分の1を超えないことなどが求められます。

- 第29条の2（介護等の総合的な提供）
- 第36条の5・6（苦情処理のうち、国民健康保険団体連合会に関すること）

　以上が、居宅基準の概要です。

　　どの基準も、介護保険制度の基本理念に基づいて規定されていることがおわかりいただけたでしょうか。わたしたちが日々行う業務内容の中には、「どうしてこんなめんどうなことをしなくてはならないのか」と思うものもありませんか？業務の根拠法令を知ることで、業務の意味を理解し、「わたしたちの業務には、こんな意義があったのだ」と再確認することができます。

【参考資料】「介護報酬の解釈」　平成18年4月版　社会保険研究所

3. サービス提供責任者の業務

学習の手引き

ポイント
①サービス提供責任者は、<u>訪問介護員のリーダー</u>であることを理解しましょう。
②運営基準に定められているサービス提供責任者の業務を学びます。

解説

I 訪問介護サービスの利用申込み等の調整（基準第28条第3項第1号）

1 利用者からの申込みの受付

介護保険で訪問介護サービスの利用を希望する利用者からは、<u>ほとんどの場合、介護支援専門員を通じてサービス利用の申込み</u>があります。

(1) 初回申込

始めに介護支援専門員から訪問介護サービス事業者（サービス提供責任者）に電話があり、利用者の身体状況、生活状況、訪問介護の利用希望日、サービス内容、訪問介護サービス事業者が対応できるかどうかについて問い合わせがあります。

(2) 申込書受付

電話の時点で受け入れ可能の旨を介護支援専門員に伝えると、「訪問介護サービス申込書」（もしくはそれに相当する申込書）が送付されます。

(3) 申込受取書の送付

訪問介護サービス事業者から居宅介護支援事業者に「申込受取書」もしくは「申込受諾書」などを送付するとよいでしょう。

運営基準では、申込み受付に際し、<u>正当な理由なく訪問介護サービスの提供を拒んではいけない</u>ことになっています。次項で詳しく学びます。

2 介護保険外における申込みの対応

(1) 申込み時点での対応

介護支援専門員からの申込みの時点で、サービス内容が介護保険の趣旨に反していたり、介護保険サービスで対応できない場合は、速やかにその旨を介護支援専門員に伝え調整を依頼します。

(2) 初回面談中での対応

利用者やその家族と面談中に、介護保険外のサービスを希望された場合には、利用者やその家族に対して、介護保険の訪問介護としてのサービス対象外であることを、サービス

提供責任者は十分に説明しなければなりません。また、訪問介護サービス事業者は、介護保険外サービスとして対応できるかどうかを回答します。

具体的な例をあげます。
　利用者に同居の家族がいて、共有部分の掃除を希望され、その家族が家事を行うことが困難である理由が特にないとします。サービス提供責任者は、共有部分の掃除が介護保険の制度外であることを説明し、訪問介護サービス事業者独自に行っている制度外サービス（有償サービス）があれば紹介します。訪問介護サービス事業者として制度外のサービスでは対応できない場合、介護支援専門員に相談するよう利用者に説明するとともに、サービス提供責任者は、介護支援専門員に連絡します。

　利用者の状況により、<u>訪問介護サービスの範囲かどうか判断に迷う場合は、サービス提供を行う前に保険者に相談しましょう。</u>

3　利用にかかる契約及び契約更新

(1) 利用者への連絡
介護支援専門員から訪問介護の依頼を受け、正式に受託したら、サービス提供責任者は利用者またはその家族へ、訪問の連絡を取ります。

(2) 重要事項説明
サービスの提供開始に際して、あらかじめ利用申込者又はその家族に対し、訪問介護サービス事業者の運営規程の概要などを説明します。その際、<u>説明書やパンフレットなど重要事項を記した文書を交付して説明を行い、同意を得なければなりません。</u>

重要事項説明については、説明、同意、交付が必要とされているので、<u>「重要事項説明書」</u>などの書式を作成しましょう。<u>「重要事項の内容について説明を受け、同意し、交付を受けました。」という文言を記載</u>し、利用者から<u>署名捺印をもらうなどの工夫が必要</u>です。

＜重要事項説明書に記載していなければならないこと＞

① 法人、訪問介護サービス事業者の概要（法人名、訪問介護サービス事業所名、訪問介護サービス事業者番号、併設サービスなど）
② 営業日、営業時間、サービス提供日、サービス提供時間
③ 利用料金
④ 従業者の勤務体制（常に最新の情報を記載。訪問介護員数が変われば随時更新）
⑤ 事故発生時の対応・緊急時の対応
⑥ 苦情処理の体制（訪問介護サービス事業所担当者、都道府県・市町村・国民健康保険団体連合会などの苦情相談窓口）

---

(3) 契約書
サービスを開始するにあたって、利用申込者及び訪問介護サービス事業者双方を保護する観点から、<u>契約書などの書面によって契約内容を確認することが望ましい</u>でしょう。

> <注意！！>
> 重要事項の説明については運営基準において必須の事項です。契約書のみしか作成されておらず、重要事項説明書を作成していないことは、「運営基準違反」になりますので十分に注意しましょう。

(4) 契約更新

契約期間の有効期限が近づいてきたら、契約を継続するかどうか利用者に確認を取ります。書面で再度契約を取り交わすか、意思確認後は自動更新とするのかは、初回契約時に決めておき、随時契約を更新します。

重要事項説明の様子

Ⅱ 訪問介護計画の作成（基準第24条第1項）

サービス提供責任者は、利用者の日常生活全般の状況及び希望を踏まえて、援助の方向性や訪問介護の目標を明確にし、目標を達成するための具体的なサービス内容を記した「訪問介護計画」を作成しなければなりません。

訪問介護計画の作成については、サービス提供責任者の最も大切な業務のひとつですので、後で詳細に学びます。訪問介護計画を作成するための「アセスメント」、居宅サービス計画との関係などについても、同様に後ほど詳しく述べます。

Ⅲ 訪問介護計画の説明（基準第24条第3項）

サービス提供責任者は、訪問介護計画を作成した際には、利用者又はその家族に計画内容を説明し、同意を得た上で遅滞なく交付しなければなりません。このことを義務付けることにより、利用者の意向がサービス内容などへ反映するような機会を保障することになります。

重要事項説明書と同様に、訪問介護計画書についても、末尾に「上記計画について説明を受け、同意し、交付を受けました。」という文言を記載し、年月日と利用者の署名捺印、説明者の名前が確認できるようにするとよいでしょう。

IV 訪問介護サービス提供後の状況把握・必要な情報の提供等（基準第28条第3項第2号）

　サービス提供責任者は、訪問介護計画作成後においても、利用者の状態の変化やサービスに関する意向を定期的に把握するため、利用者宅を訪問します。また、サービスの提供状況を把握するために、担当訪問介護員にサービス提供の実施状況を確認します。

　サービス提供責任者は、上記のような方法で状況を把握した後、必要に応じて計画の変更を行います。このような作業を「モニタリング」といいます。第2章「モニタリング」で詳しく学びます。

　また、訪問介護の提供にあたり把握した利用者の口腔機能や服薬状況、その他の心身の状態や生活状況に関する必要な情報を、居宅介護支援事業者等のサービス関係者に提供します。

V 訪問介護員等に対する技術指導等（基準第28条第3項第7号）

1　訪問介護員に対する業務指導

（1）サービス内容の伝達

　　サービス提供責任者は、訪問介護員に対して訪問介護計画に記載された具体的な援助目標及び援助内容（サービス内容）を指示するとともに、利用者の状況について、正確な情報を伝達する必要があります。担当利用者の訪問介護計画を渡したり、独自の業務指示書や手順書を作成してもよいでしょう。

　　いずれにせよ、訪問介護員が交替しても利用者に対して均質な対応ができるよう工夫が必要です。

（2）個別ケースへの対応指導

　　対応に特に配慮が必要な利用者に訪問介護サービスを提供する際には、サービス提供責任者は訪問介護員へ十分なアドバイスと後方支援を行うことが大切です。利用者の生育歴や取り巻く環境、背景を伝え、どのようにサービスを提供すればよいか、具体的に指導します。

　　訪問介護員が現場で困ったときにはすぐに調整に動くなど、訪問介護員に対する相談指導の姿勢がサービス提供責任者には求められています。

（3）介護技術指導

　　介護技術を必要とする利用者に、技術が未熟な訪問介護員がサービスを提供する際には、介護技術を指導します。訪問介護員の力量で利用者への介護が変わらぬよう配慮します。

2　新任訪問介護員との同行訪問

　訪問介護員の資格を取得して初めてサービス提供に入る訪問介護員に対し、サービス提供責任者は同行訪問を実施します。同行訪問の必要性や具体的手法については、第2章「同行訪問」で詳しく述べます。

　新任訪問介護員だけでなく、訪問介護員が初めて担当する利用者の場合は、時間の許す限りサー

ビス提供責任者が同行訪問することをお勧めします。具体的なサービスを現場で指導するよい機会になるでしょう。

同行訪問の様子

VI 訪問介護員等のサービス内容の管理（基準第28条第3項第8号）

1 訪問介護員等のサービス提供に関する記録・報告・連絡
サービス提供責任者は、サービス提供記録や訪問介護員からの報告を管理しなければなりません。記録をチェックし、報告に対して調整が必要なものは家族や介護支援専門員に伝えます。訪問介護計画に沿ってサービスが提供されているか、訪問介護員の提供記録で確認します。

2 別の訪問介護員への申し送り事項の管理
直行直帰型の訪問介護員の場合は、サービス提供の申し送りをすることは、非常に煩雑で手間がかかる業務ですが、利用者宅に連絡ノートを置いたり、一人ひとりに電話をするなどして、情報が行き渡るように工夫します。

サービスの開始前か終了後に事業所に一度立ち寄る訪問介護員の場合は、事業所に「申し送り書」や「連絡事項」のファイルを作成し、確認した訪問介護員がサインできる書式を作ってもよいでしょう。

3 訪問介護員やサービス提供に関する利用者からの苦情や相談の対応
詳細については、第3章「苦情対応」等で学びます。

Ⅶ 介護技術の研鑽（基準第28条第3項第7号）

1 訪問介護員に対する研修の開催

　これはサービス提供責任者のみならず、訪問介護サービス事業者全体に課せられた項目とも言えます。介護職員初任者研修等の研修を修了した後も、訪問介護員は自己研鑽に努めなければなりません。

　サービス提供責任者もしくは訪問介護サービス事業者は、新任研修や現任研修、テーマ別研修や事例検討会など幅広いテーマによる研修の場を設け、訪問介護員の質の向上に努めましょう。また、少人数単位で行うサービス提供責任者を含めた訪問介護員の研修や交流会は、日ごろ単独でサービス提供する訪問介護員の悩みや不安を解消する機会になり、訪問介護員の帰属意識を高め、離職防止につながります。

2 外部研修への参加

　外部でもさまざまな研修が催されています。経営マネジメント的な研修や介護技術研修もあれば、地域包括支援センターや社会福祉協議会などで開催する、現場に即した研修もあります。自分に必要な研修、受けたい研修があったときは、ぜひ受講してみてください。情報のアンテナは常に張っておきましょう。

Ⅷ サービス担当者会議への参加、居宅介護支援事業者等との連携（基準第28条第3項第3号）

1 サービス担当者会議の参加、担当者の派遣

　サービス提供責任者は、訪問介護のサービス担当者として上記の会議に参加し、専門的見地から意見を述べます。

　サービスを提供する上で必要なことを話し合い、他職種（介護支援専門員等）と連携するために、サービス担当者会議への参加は欠かせません。どうしてもサービス提供責任者が参加できないときは、担当訪問介護員を派遣するか、会議で議題にしてほしい留意事項を前もって介護支援専門員に伝えておきます。

2 介護支援専門員等への報告・連絡・調整

　サービスの依頼を受け、居宅サービス計画に沿ってサービスを提供した後、さまざまな局面で介護支援専門員への連絡、報告が必要になってきます。

　介護保険で訪問介護サービスを提供する上では、介護支援専門員と常に連携をとっておかなければなりません。その手法については後に詳しく述べます。

【参考文献】平成20年度指定介護保険事業者のための運営の手引き
　　　　　訪問介護／介護予防訪問介護　　神奈川県

サービス担当者会議の様子

豆知識！【サービス提供責任者の任用要件と減算】

　サービス提供責任者のうち、初任者研修課程修了者及び旧2級課程修了者は、平成30年度より任用要件から廃止されます。ただし、現に従事している人については1年間の経過措置が設けられます。
　また、初任者研修課程修了者及び旧2級課程修了者であるサービス提供責任者を配置している場合に係る減算についても、平成30年度は現に従事している人に限定され、平成31年度以降は廃止されます。

4. サービス提供の基本的姿勢

学習の手引き

ポイント
①利用者に対する基本的姿勢、基本心得について学びます。
②訪問介護員に対する基本的姿勢を学びます。
③関係機関への姿勢と連携について学びます。
④自分自身の接遇マナーについて、具体的に学びます。

解説

Ⅰ 利用者に対する姿勢

1　利用者の人格を尊重し、真摯な態度で接しましょう

　利用者は一人の人間として人格を尊重されるべき存在であることを常に念頭において接しましょう。長く付き合っていくうちに馴れ合いが生じ、友達のように話したり、小さい子に話しかけるようにしてはいけません。利用者を常に名前で呼び、思いやりの気持ちを持って親切に接します。

2　利用者のサービスを受ける権利

　利用者は被保険者であり、サービスを受ける権利をもっています。どの訪問介護サービス事業者も、訪問介護員の人材不足により利用者の希望通りに訪問介護員を派遣できない事情があるかもしれませんが、その権利を訪問介護サービス事業者側の一方的な理由で阻害することがあってはなりません。

　自分自身や訪問介護サービス事業所の状況で心がいっぱいになっていると、相手の話が耳に入らなくなることがあります。まず利用者の希望に耳を傾け、相手の立場になって考えましょう。それでも希望通りにいかない場合は、利用者の不利益にならないよう話し合ったり、介護支援専門員との調整が必要になります。

＜悪い例＞
夕方の時間帯は訪問介護員が他の仕事でいっぱいなんです。訪問介護員はみんな主婦ですから、夕方は家事があって家に居たい人が多いんですよ。もう少し早い時間なら大丈夫な人がいると思うんですが…14時からではだめでしょうか？

> 訪問介護サービス事業者の理由を前面に押し出し、言わなくてもいいことまで言い訳がましく話している！
> 時間については介護支援専門員とまず相談！

3 利用者を理解する

(1) 一人ひとり異なる価値観

人は育った環境で、さまざまな価値観や習慣を身につけます。利用者も訪問介護員もサービス提供責任者も、一人ひとり価値観や習慣が異なることを理解しなければいけません。このことは、自分が相談援助業務を行うとき、訪問介護員に技術指導するとき、他機関と連携するときなど、さまざまな局面で重要な意味を持ちます。

「他人と自分は異なるところもある」「自分が普通、常識と思うことが、必ずしも他人の思う常識と同じであるとは限らない」ということを常に意識していれば、価値観の違う利用者の訴えや、訪問介護員からの相談に、自己の価値観のみにとらわれずに対応できるでしょう。

(2) 観察とチーム対応

支援に特に配慮が必要な利用者に対しては、利用者の心身の状況や家族関係など、利用者を取り巻く環境を観察し、訴えの背景を理解します。

サービス提供責任者も人間です。相手の言動に傷ついたり腹が立ったり主観のみでしか受け止められないこともあるでしょう。どんなに観察をしても、利用者を理解できないこともあります。そのような時は一人で悩まず、訪問介護サービス事業者の同僚や上司、介護支援専門員や他のサービス担当者、区役所や地域包括支援センターの職員に相談し、カンファレンスを行うなど、情報を共有し、チームで対応していきましょう。

4 秘密保持とプライバシーの保護

(1) 秘密保持

運営基準では、訪問介護サービス事業者の訪問介護員などに、業務上知り得た利用者又はその家族の秘密の保持を義務付けています。また、退職した後についても秘密を漏らすことがないよう義務付けてあり、従業者との雇用時の取り決めで違約金についての定めをおくなどの措置を講ずべきとされています。

訪問介護員を新たに雇用したときは、あらかじめ誓約書などを取り交わし、就業規則などに秘密保持の項目を設けておくとよいでしょう。

(2) プライバシーの保護

サービス提供責任者は、サービス担当者会議に出席して、アセスメントで得た問題点や解決すべきニーズなど、利用者に関する個人情報を、介護支援専門員や他のサービスの担当者と共有します。このことについて、あらかじめ文書により利用者又はその家族から同意を得る必要があります。「個人情報使用同意書」のような書式を用意し、その利用目的を限定した上で、利用者やその家族に文書で同意を取っておくことをお勧めします。

(3) 個人情報の取り扱いルール

訪問介護計画などの利用者の個人情報を外に持ち出す必要があるときは、持ち出す際のルールをあらかじめ訪問介護サービス事業者内で決めておくとよいでしょう。

持ち出す書類は必要最低限とし、持ち出す際は「どの利用者の、何の書類を、誰が、いつ、持ち出すのか」を、記録簿などで管理します。持ち出した書類をバスや電車などの公共の場や飲食店などで広げたり、利用者の個人情報について同行の訪問介護員と話したり、携帯電

話などで大きな声で話したりしないよう気をつけましょう。実際にそのような苦情が、地方自治体などの苦情窓口に寄せられているそうです。

Ⅱ 訪問介護員に対する姿勢

1 訪問介護員の指導・育成

(1) リーダー格としてのサービス提供責任者

　サービス提供責任者は、<u>訪問介護員のリーダー格</u>という位置づけであり、<u>常に訪問介護員を指導・育成する立場</u>であることを自覚しましょう。

　訪問介護員からの疑問・不安については、できる限り的確に答え、その解消に努めます。介護技術に不安を持っている訪問介護員に対しては、細かな技術指導を行い、サービス提供方法に悩んでいる訪問介護員に対しては、訪問介護員同士のカンファレンスなどを行い、悩みや情報を共有します。

　利用者ごとの<u>援助目標や達成度は、訪問介護員に伝えましょう。</u>そのことにより、訪問介護員は、サービス提供に対する充実感を持つことができます。

(2) 指導に配慮が必要な訪問介護員

　指導しても改善が見られない訪問介護員に対しては、その原因を分析し、対応方法を考えます。サービス提供責任者が、個人的に訪問介護員へ懲罰的な対応(仕事を紹介しないなど)をしていると受け取られることのないように、気をつけましょう。

　指導に配慮が必要な訪問介護員に対しては、何が足りないのかなどを納得できるように繰り返し説明します。なお、説諭だけでなく、訪問介護員の<u>自覚を促すような話の仕方</u>を工夫しましょう。

2 訪問介護員への支援

(1) サービス提供環境の整備

　サービスの直接の担い手である訪問介護員が最善のサービス提供ができるよう、サービス提供責任者は<u>サービス提供環境を整え、支援</u>しなければなりません。

　移動時間や休憩時間について留意し、身体に無理がかかるようなサービス提供依頼を行わないよう注意しましょう。このことは訪問介護員が長く働き続けるためにとても重要な意味を持ちます。

　新人の訪問介護員にいきなり重介護の利用者の仕事を立て続けに依頼したり、訪問介護サービス事業者の都合で休憩や休暇を取らせずに訪問介護員を働かせ続ければ、結局訪問介護員の離職を早期に招いてしまうでしょう。

(2) 訪問介護員への後方支援

　訪問介護は原則として1対1で行うサービスです。言い換えれば、非常に孤独な業務と言えます。訪問介護員が安心してサービス提供できるよう、必要に応じて利用者との関係調整を図り、サービス提供上の相談・助言など、訪問介護員を<u>後方支援</u>しましょう。

Ⅲ 関係機関への姿勢と連携

1 介護支援専門員との連携

　サービス提供責任者は、介護支援専門員と連携を図り、サービス担当者会議などを通じて円滑な協力体制を築き、利用者の支援に努めます。
　お互いの業務内容と立場を理解した上での連携を考えます。自己の立場からだけの一方的な要求は行わないように注意しましょう。
　介護保険制度においては、何事においても居宅サービス計画に基づき、介護支援専門員の了解の下でサービス提供を行うことを理解し、相談や報告を怠らないように気をつけます。相談、報告をした際は、口頭のみで済ませず、記録に残します。
　また、介護支援専門員に対して利用者に必要のないサービスを位置づけるよう求めることなど、不当な働きかけを行ってはいけません。

2 主治医など医療機関との連携

　利用者のファイルには、利用者の受診先の医療機関名と連絡先、主治医名を記載し、利用者の容態に変化があり、指示を仰ぐ必要がある場合にはすぐ連絡ができるようにしておきましょう。また、訪問介護員がサービス提供時に速やかに主治医への連絡を行うことができるよう、緊急時の主治医への連絡先や、訪問介護サービス事業者への連絡方法について、ルールを決めて訪問介護員に周知する必要があります。

3 他のサービスとの関係

　訪問介護は、短期入所（ショートステイ）、小規模多機能型居宅介護、認知症対応型共同生活介護（グループホーム）などのサービスを受けている間は算定することができません。（ただし、入退所日は算定可能）
　また、利用者は同一時間帯にひとつの訪問サービスを利用することが原則となります。訪問介護員がいる時間に訪問入浴介護を利用したり、理美容サービス、訪問マッサージのような介護保険外のサービスを利用すると、訪問介護費を算定できなくなってしまいます。これは、訪問介護には安否確認などを行う健康チェックが含まれており、さらに身体介護は利用者の身体に直接触れて行うサービスであることから、他のサービスを利用してしまうと、これらの訪問介護サービスの一部又は全部に支障が生じる可能性があるからです。
　ただし、訪問介護と訪問看護、又は訪問介護と訪問リハビリテーションについては、利用者の心身の状況や介護の内容に応じて算定可能となる場合があるので、介護支援専門員からサービス提供依頼があったときは、その必要性について確認しましょう。

4 関係機関への姿勢

　連携は、関係機関同士が行うものだけでなく、個人的なネットワークの構築が業務に生かされていきます。人とのつながりは相手先にこまめに足を運ぶことで始まりますが、相手の業務に支障をきたさないように留意しなければなりません。
　関係機関からの調整依頼や情報提供などに対しては、それを受けて自分がどのように対応を行ったかを相手に報告します。この報告の繰り返しによって、相互に共通認識を作ることができます。

訪問介護サービスの制度上の制約や業務内容については、機会があるごとに説明し、理解と協力を得る努力をしましょう。

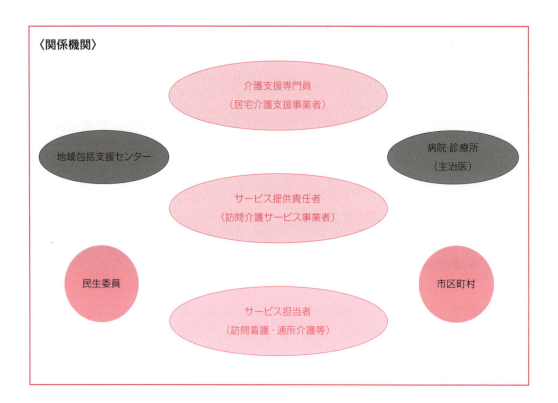

Ⅳ　接遇・マナー

1　利用者と接する基本心得

(1)　マナーと思いやり

　　自分がどんなに良いサービスをしたと思っても、利用者に「態度が悪い」という印象を持たれれば、それだけで自分のみならず訪問介護サービス事業者全体に対する評価が下がります。サービスや技術以前の心構えとして、利用者に相対するときのマナーと思いやりを大切にしましょう。

(2)　相手の立場に立って考える

　　接遇の基本となる心構えは、相手の立場に立って考えることです。今、困っていることに耳を傾け、自分が相手の立場だったらと想像してみましょう。利用者に対して「やってあげている」と言う気持ちがあると、それは相手に伝わるものです。サービスを提供する側とそれを受ける側が、上下関係になってはいけません。

　　逆に相手の要求をすべて受け入れることが、利用者の立場に立って考えているというわけではありません。あくまで対等の立場で、利用者のより自立した生活のために、共に考え、目標を共有しましょう。

2　身だしなみ

接遇マナーにおいて、<u>第一印象はとても大切</u>なものです。第一印象で、サービス提供責任者や訪問介護サービス事業者の印象が決まるといっても過言ではありません。

> **＜チェックポイント＞**
> - 清潔なもの、動きやすく仕事に適したものを身につける
> - ノースリーブや肌の露出の多い服装は避ける
>   （タンクトップ、キャミソール、透ける素材、襟の大きく開いた服）
> - 過度な装飾品、華美な服飾は避ける
>   （ぶら下がるイヤリング、石のついた指輪、大きなブローチ）
> - 化粧は濃すぎない
> - 爪は短く切りそろえ、汚れていない（派手なマニキュアはしない）
> - 体臭、口臭、匂いのきつい香水など不快なにおいがない

3　態度・言葉づかい

利用者に対して「○○さん」と呼びかけることは大前提ですが、利用者が聞いていないときに呼び捨てにしたり、愛称で呼ぶのは良識を疑われます。利用者のみならず、関係機関の方や訪問介護員への態度・言葉づかいも、節度を守り、なれなれしい態度は慎みましょう。利用者や外部の方に対して話すときに、同じ職場の訪問介護員や上司に敬語を使うのは間違いです。

> **＜悪い例＞**
> 「今日はいつものヘルパーがお休みなので、○○さんが行ってくださいます。」
>
> **＜適切な例＞**
> 「今日はいつもの○○ヘルパーが休みなので、××ヘルパーが代わりに伺います。」

ヘルパーの身だしなみ（エプロン・三角巾着用）

5. サービス提供の流れ

学習の手引き

ポイント 要介護認定申請からサービス利用、終結までの流れを理解しましょう。

I サービスの利用手順

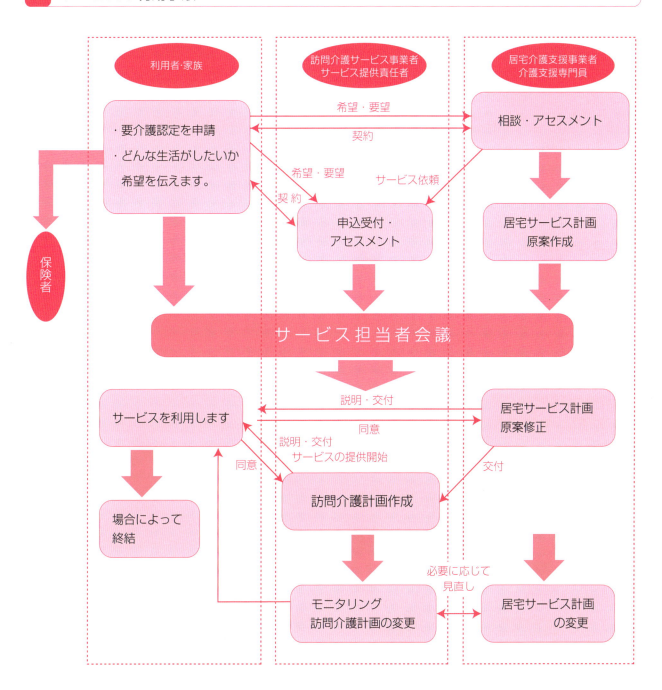

6. 共生型サービス

学習の手引き

ポイント 平成30年度からスタートする「共生型サービス」の概要を理解しましょう。

解説

I 位置づけられた背景（地域共生社会に向けて）

　地域共生社会とは、地域の高齢者、障害者、子どもなどのあらゆる住民が役割を持ち、支え合いながら一人ひとりの暮らしと生きがいを共に創り、高め合う社会です。住民が地域の課題を「我が事」としてとらえ、支援の「受け手」が「支え手」としても活躍し、福祉サービスも分野ごとの縦割りではなく、「丸ごと」の横断的、包括的な支援のしくみをつくることを目指します。平成29年に成立した「地域包括ケアシステムの強化のための介護保険法等の一部を改正する法律」においても、地域包括ケアシステムの深化・推進のために、地域共生社会の実現の一つとして「共生型サービス」が盛り込まれました。

II 共生型サービスとは

　従来は、1つの事業所で介護保険サービスと障害福祉サービスの両方を提供する場合、各制度上の基準を満たした上で、それぞれに指定を受けることが必要でした。このため、障害福祉サービスを受けている人が65歳に到達して介護保険サービスを利用する場合、介護保険と重複する障害福祉サービスについては介護保険が優先されるため、引き続き同じ事業所でサービスを受けることが難しくなる弊害がありました。

　高齢者と障害児者が同一事業所で介護保険サービスと障害福祉サービスを受けやすくするため、介護保険制度と障害福祉制度に新たに「共生型サービス」を位置づけることになりました（平成30年4月施行）。

①対象となるサービス

　対象となるサービスは、「ホームヘルプサービス」「デイサービス」「ショートステイ」があります。

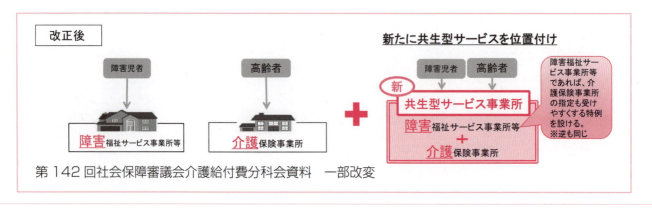

第142回社会保障審議会介護給付費分科会資料　一部改変

「地域の自主性及び自立性を高めるための改革の推進を図るための関係法律の整備に関する法律」（平成23年法律第37号及び平成23年法律第105号）及び「介護サービスの基盤強化のための介護保険法等の一部を改正する法律」（平成23年法律第72号）の施行により介護保険法（平成9年法律第123号）が改正され、これまで厚生労働省令で規定していた事業所や施設の人員、設備、運営に関する基準等について、都道府県条例で定めることになりました。

当テキストでは、厚生労働省令の内容に基づいて記載をしております。業務の実施に当たっては、一部内容に変更が生じている可能性がありますので、条例内容を改めて確認していただきますようお願いいたします。

第2章 各 論

1. 重要事項の説明と契約（p38）
2. サービス担当者会議への参加（p42）
3. アセスメント（p47）
4. 身体介護サービス（p54）
5. 生活援助サービス（p66）
6. 訪問介護計画（p73）
7. 訪問介護員の選定・管理（p80）
8. 同行訪問（p84）
9. モニタリング（p88）
10. カンファレンス（p91）
11. 記録（p95）
12. 介護報酬の請求・利用料金（p101）
13. 報告・連絡・相談（p108）

第2章　各論

1. 重要事項の説明と契約

学習の手引き

ポイント
①重要事項の説明と契約の意義を理解しましょう。
②重要事項の説明の内容について、知ってください。
③円滑な契約締結ができるようになってください。

解説

Ⅰ　重要事項説明・契約とは（基準第8条）

　介護保険法が導入される以前の訪問介護サービスは、行政による「措置制度」によりサービスが提供されていましたが、介護保険法の導入によりサービスを提供する事業者側と利用者側が「契約」をすることによってサービスが提供される形となりました。

　基準第8条の中で、訪問介護サービス事業者は利用者に対して、あらかじめ事業所の内容および手続き等の重要事項を説明し、同意を得なければならないことが定められています。

　利用者の中には、契約行為に抵抗があったり、反対に契約行為を理解しないまま簡単に捺印したり、後でトラブルになる可能性も考えられます。重要事項説明および契約は、利用者の権利を守るとともに、訪問介護サービス事業者側と利用者側がお互いに納得し、トラブルを避け、スムーズにサービス提供がおこなわれるためにとても重要であると理解しましょう。

Ⅱ　重要事項説明書・契約書

　先に述べたとおり、訪問介護サービス事業所の重要事項を利用者へ説明し、同意を得る必要がありますので、「重要事項説明書」といった書面を用意し、取り交わすのが望ましいでしょう。

　契約についても、「契約書」といった書面を用意し、取り交わすのが望ましいでしょう。

　契約の締結は、利用者の判断と責任において締結する重要な手段であるところに意義があります。

契約書締結の様子

<重要事項説明書において最低限必要な項目>
① 事業所の概要 ⇒ サービス提供地域、サービス提供時間、職員体制
② サービス内容 ⇒ 身体介護サービス内容、生活援助サービス内容、介護相談等
③ 利用料金 ⇒ 基本料金及び早朝、夜間、深夜料金
④ 交通費 ⇒ サービス提供実施地域外の訪問にかかる交通費について
⑤ キャンセル料 ⇒ 徴収の有無等
⑥ 利用料金支払方法
⑦ 事業所の特色 ⇒ 運営方針、訪問介護員の研修、サービスマニュアル
⑧ サービスに関する苦情 ⇒ 事業所の苦情担当者氏名、事業所以外の苦情申出窓口
⑨ 緊急時の対応方法

<契約書において最低限必要な項目>
① 契約の目的
② 契約の期間
③ サービス内容（概要）
　⇒ 訪問介護計画、身体介護サービス・生活援助サービス内容、利用の日時、費用等、サービス内容変更時の取り決め
④ サービス提供の記録
⑤ 利用料金 ⇒ 利用者負担額、支払方法、滞納した場合の取扱い
⑥ キャンセル・変更・追加及びサービス内容の変更等
⑦ 利用者による解約
⑧ 事業所による契約解除
⑨ サービス提供における訪問介護員の禁止行為について
⑩ 守秘義務について
⑪ サービスに関する苦情について
⑫ 緊急時の対応方法

Ⅲ 重要事項説明および契約締結の手順

1 訪問前の準備

(1) サービス提供の開始日前に、利用者に重要事項・契約締結について説明し、訪問日を設定します。
(2) 利用者の判断能力によっては、家族等の同席が必要な場合もあります。事前に家族等にも連絡し、訪問日を取り決めておきましょう。
(3) 訪問介護サービス事業者が定めた「重要事項説明書」と「契約書」を用意します。利用者と訪問介護サービス事業所の控えの計2部を準備します。
(4) 利用者から、利用者の個人情報を使用するための同意を得ることも必要です。あらかじめ、個人情報の利用目的を利用者または家族等に文書で説明を行います。「個人情報使用同意書」といった書面を用意し、説明するのが望ましいでしょう。

(5) 利用料金の見積りを利用者側にきちんと説明ができるようにしておきましょう。その他、必要事項の記入漏れがないか、不備なところがないかについても確認します。

2 重要事項説明および契約締結当日

(1) まずは、「重要事項説明書」から説明をはじめます。

　一つひとつ声を出して読み上げ、丁寧に説明しましょう。

　不明な点がある場合は、わかりやすい言葉で解説し、十分納得してもらいましょう。

　そのうえで、利用者または家族等の署名・捺印をいただきます。

(2) 次に、「契約書」を説明します。

　重要事項説明書と同様、一つひとつ声を出して読み上げ、丁寧に説明しましょう。

　不明な点がある場合は、わかりやすい言葉で解説し、十分納得してもらいましょう。

　そのうえで、利用者または家族等の署名・捺印をいただきます。

　契約書の有効期間は、介護保険の認定有効期間と同一とするのが望ましいでしょう。

　ただし、認定有効期間の途中からサービスを開始する場合は、有効期間の初日は、契約締結日としましょう。

　また、要介護認定の新規や区分変更の申請中にサービス提供し、後日認定結果がわかり、遡って契約し直す場合は、その旨を記録しておきます。

(3) 次に「個人情報使用同意書」を説明します。

　サービス担当者会議等で利用者や家族の情報を提供する場合も、<u>あらかじめ文書で同意を得る必要</u>があります。このとき、利用者の情報は利用者の同意を、家族の情報は家族の同意をそれぞれに得る必要があることに注意が必要です。なお、この同意は、サービス開始時に包括的に同意を得ることで足りるとされています。

　利用者にかかる個人情報の適正な取り扱いについて、利用者や家族に説明し、書面に署名・捺印をいただきましょう。

(4) 介護保険証を確認しましょう。

　要介護度・認定有効期間等に間違いがないかの確認は大切です。また、訪問介護を利用する際に、利用料の支払いに直接関係する各種軽減・助成制度の軽減証等の確認も必要です。

3 契約締結後

　利用者と取り交わした<u>重要事項説明書（控）・契約書（控）・個人情報使用同意書は、事業所で保管</u>します。

利用者と取り交わす書面	
利用者宅に置いてくるもの	事業所に持ち帰るもの
重要事項説明書（1部）	重要事項説明書（1部）
契約書（1部） サービス利用料見積書	契約書（1部） 個人情報使用同意書

Ⅳ 判断能力について

1 利用者に判断能力がある場合

(1) 利用者に判断能力はあるが、身体的理由で署名できない場合

　原則として、利用者本人が家族や立会人に手を添えてもらうなどして署名をしてもらいましょう。家族や立会人に代筆をお願いした場合は、代筆者氏名を署名欄の下に記載しておきます。代筆者は、家族が望ましいでしょう。

(2) 利用者に判断能力はあるが、契約行為を家族やその他の者に委任した場合

　「委任状」を取り、受任者には代理人の欄に署名してもらいます。

2 利用者の判断能力が不十分である場合

(1) 日常生活自立支援事業（旧・地域福祉権利擁護事業）

　認知症等で判断能力が不十分でも、利用者との契約に基づき、日常生活自立支援事業による福祉サービスの利用援助等を受けることができる場合があるので、介護支援専門員に相談しましょう。

> ※日常生活自立支援事業とは
> 　都道府県社会福祉協議会および政令指定都市社会福祉協議会が実施主体となり、認知症高齢者、知的障害者、精神障害者など判断能力が不十分な方の権利を擁護することに資することを目的とした事業。契約により、福祉サービスの利用援助、日常的金銭管理サービス、書類等預かりサービスを行う。

(2) 成年後見制度

　認知症等により、契約できるだけの判断能力が不十分な場合は、成年後見制度の利用が必要になるので、介護支援専門員に相談しましょう。後見人の担い手不足などから、すぐに制度利用に結びつかない場合は、家族や親族、介護支援専門員や第三者の立会いのもとで契約をしましょう。サービス提供責任者が単独で契約を行うことは避けましょう。

　成年後見人が本人に代わって契約行為をする場合は、後見人であることを証明する書類として、「登記事項証明書」（法務局発行）を添付します。契約締結後に後見人が決定した場合は、契約を取り直すこともありますので、後見人に確認をしましょう。

> ※成年後見制度とは
> 　民法の改正によって介護保険制度の導入と同時に始まった制度。
> 　原則として介護保険サービスは契約によって提供されるため、利用者が契約できるだけの判断能力が不十分な場合、法的に権限を与えられた後見人が、本人に代わって契約等の法律行為を行う。

【参考文献】
①前川静恵「サービス提供責任者仕事ハンドブック」中央法規出版　2006年
②山崎郁雄　編著「契約書式の作成全集」自由国民社　2007年
③介護支援専門員実務研修テキスト作成委員会
　　　　「三訂　介護支援専門員実務研修テキスト」長寿社会開発センター　2008年

2. サービス担当者会議への参加

学習の手引き

ポイント
①サービス担当者会議の重要性について理解しましょう。
②サービス担当者会議開催の目的を理解しましょう。
③サービス担当者会議出席のために準備すべきことを理解しましょう。

解説

I　サービス担当者会議とは

1　定義

　サービス担当者会議とは、介護支援専門員が、居宅サービス計画に位置付けられたサービス提供事業者などの関係者や利用者・家族を一堂に集め、それぞれの専門的見地から意見を述べてもらい、居宅サービス計画を検討する場をいいます。

　サービス提供責任者にとっては、基準第28条「管理者及びサービス提供責任者の責務」の中に定められているように、多職種・多機関で連携し合うためのものであり、チームアプローチの実践の場と言えます。積極的に参加しましょう。

2　開催時期

① サービス提供開始時
② 要介護認定更新時
③ 要介護状態区分に変更があった時
④ 本人・家族の状態や環境の変化が見られた時
⑤ 居宅サービス計画に変更があった時
⑥ 支援に調整が必要な時
　例：利用者の援助拒否、利用者のBPSD※が著しい、家族と利用者の意向が大きく異なる、主介護者に認知症や精神障害などがある、虐待や介護放棄がある、低所得で必要なサービスが利用できない
　（注）BPSD（Behavioral and Psychological Symptoms of Dementia）「認知症の行動と心理症状」と訳される
⑦ その他、介護支援専門員や訪問介護サービス事業者等が必要と判断した時

II　サービス担当者会議の意義・目的

1　情報交換

　多職種・多機関の関係者が、それぞれの専門職としての情報を提供し共有化することで、相互に利用者の違った一面や、援助の違った視点に気付くことができます。

2　課題の共有化

利用者や家族が「何に困っているのか」「どうしたいのか」など、利用者や家族の訴えをきちんと聴くことが大切です。

3　援助目標の共有化

居宅サービス計画の総合的援助方針、長期目標、短期目標を共通理解します。

4　居宅サービス計画の検討

ニーズを確認し、サービス内容や提供時間帯、回数が適切であるかなど、専門職としての視点を持って意見交換を行います。多職種が参加し多角的な検討を行うことで、より良いプランの作成、実践が可能となります。

5　サービス内容等の調整

身体状況や生活環境の大きな変化で、訪問介護サービス事業者だけでは対応できない問題が生じた時などは、サービス提供責任者が介護支援専門員にサービス担当者会議の開催を提案し、調整を図りましょう。

6　チーム形成・連携

利用者や家族、他職種の関係者が一同に顔を合わせることで、相互に役割分担ができ、チームワークを深める機会となります。

担当者会議の様子

◇専門職としての視点を持って、会議に臨みましょう◇

第4表			サービス担当者会議の要点		

利用者名　A利用者　殿　　　　　　　　居宅サービス計画作成者（担当者）氏名　E・T
開催日　平成30年4月2日　開催場所　Hリハビリ病院　開催時間　14:00～15:00　開催回数　1回

	所属（職種）	氏名	所属（職種）	氏名
会議出席者	本人	A氏	Hリハビリ病院（理学療法士）	W氏
	妻	B氏	U訪問介護（サービス提供責任者）	S氏
	Hリハビリ病院（看護師）	G氏	Nケアセンター（介護支援専門員）	J氏
検討した項目	1　在宅生活の注意点 2　居宅サービス計画の原案について			
検討内容	1　病状は安定しているが、再発に気をつける。生活上の制限はないが、塩分制限があるので気をつける。2週間に1度、定期的に通院を行うこと。病院でのリハビリは通院時に実施する。 　　日常生活の中で自分のできることを見つけ、自分で行う努力をする。ベッドから車椅子への移乗、トイレでの移動は十分に注意を払い、介助をしてもらいながら行う。 　　食事の時、むせるようなら食事形態について検討する。 2　目標を確認する。妻の介護力の確認、サービス内容、回数について意見交換を行う。			
結論	1　病状は安定しているが、内服薬は入院中と同じものを継続する。退院しても、生活リズムを崩さないよう努める。下肢筋力が十分でないため、転倒に注意する。 　　病院でのリハビリの他、自分でできることをする、動くことがいちばんのリハビリである。 　　デイサービスでできる機能訓練を検討する。脱水、低栄養防止、早期発見のための観察を行う。 2　原案の確認をする。当面、原案の内容で実施するが、自宅での生活状況に応じ、必要に応じ変更していく。			
残された課題 （次回開催時期）	1　自宅での移動動作について観察する。移動方法に危険がないか、無理がないか確認する。 2　本人の生活と利用するサービスが合っているかを確認する。妻の介護力も見極める。 　　1ヵ月後に実施予定			

【出典】居宅サービス計画書作成の手引き　（財）長寿社会開発センター　2006年　より一部改変

Ⅲ　参加のための準備

1　情報収集

　訪問介護員は、他の介護保険サービスと比べ、利用者と共にいる時間も比較的長く、利用者宅で原則1対1のサービスを提供することから、利用者の身体状況変化等の情報をつかみやすい立場にあると言えます。そのため、サービス提供責任者は、サービス担当者会議出席前に、訪問介護員からこれらの情報を集めておくことが有効です。特に、会議開催の1週間から10日前位の様子を確認しておくとよいでしょう。また、訪問介護員には、日頃から報告の徹底を指導しておきましょう。

2 こんな変化に注目！≪具体例≫

身体状況の変化	◇浮腫や体重の増減 ◇お茶を飲んで、よくむせる ◇最近よく転倒する
生活状況の変化や問題点	◇同じ物を何度も購入してしまう ◇日時や曜日、収納場所を忘れる ◇外出が減った ◇服薬ができていない
住環境の変化	◇トイレが汚れている（失禁） ◇室内の片付けができなくなった
精神面での変化	◇兄弟との別れで、沈んでいることが多くなった
プラン変更後の変化	◇車いす導入により、外出が増え、表情が明るくなった ◇デイサービスの回数増により、疲労を訴え、臥床時間が増えた ◇調理メニューの提案など、家事への参加が積極的になった
経済面での変化や問題点	◇友人が度々お金を借りに来るが、断れないで悩んでいる

Ⅳ サービス担当者会議に参加できない時

　業務調整が難しいなど、サービス担当者会議に出席できない時には、欠席理由を報告し、最近の生活状況や身体状況などを文書で報告します。

　報告は、具体的に書きましょう。訪問介護員からの情報や訪問時のモニタリングなどから、事実に基づき客観的な視点を持って報告することが大切です。

Ⅴ 訪問介護員との連携

1　報告のルート

　訪問介護員が、利用者の身体状況や生活状況の変化などを、むやみに家族や介護支援専門員に直接報告をしてしまったために、トラブルとなる可能性もあります。

　「訪問介護員は、必ずサービス提供責任者へ報告を行う」ルートを確立しておきましょう。

2　伝達

　サービス担当者会議での結論は、訪問介護員にしっかり伝えましょう。

　調整し合って出した結論は、チームの一員である訪問介護員まで伝えることで、適切なサービス提供と効果の検証を行うことができます。

【参考文献】　前川　静恵「サービス提供責任者仕事ハンドブック」中央法規出版　2006年
　　　　　　　三訂　介護支援専門員実務研修テキスト（財）長寿社会開発センター　2008年12月

訪問介護員へ報告をする様子
会議での結論報告

Ⅵ 地域ケア会議とは

　地域ケア会議とは、地域包括ケアシステムの実現のために、地域包括支援センターまたは市町村が主催し、多職種協働で高齢者個人に対する支援の充実と、それを支える社会基盤の整備とを同時に進めていく手法です。高齢者の個別具体的な事例(困難事例等)を検討する中で、地域ごとの課題を具体的に把握し、それらを解決していくための会議です。

　このような取り組みは、これまでも厚生労働省の通知により、地域支援事業の一環として行われてきましたが、平成27年4月施行の法改正により介護保険法に正式に位置づけられました。(努力義務)

　参加する職種についても、地域包括支援センター職員やケアマネジャーだけでなく、医師、看護師、介護事業者、民生委員などで構成されています。参加者は、情報提供やその他必要な協力の求めがあった場合は、これに協力するよう努めなければなりません。

　サービス担当者会議から、主に困難事例などの問題提起を受け、支援計画を議論する中で、地域支援ネットワークの構築・ケアマネジメント支援・地域課題の把握などを行います。

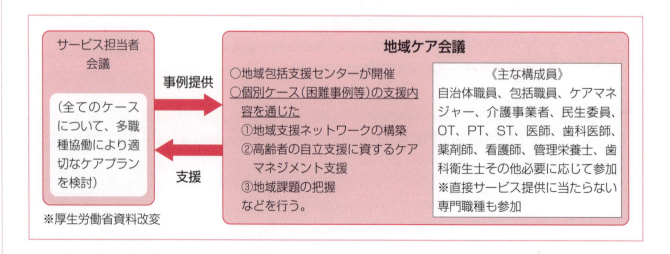

Chapter 2

3. アセスメント

学習の手引き

ポイント
①アセスメントの目的を理解しましょう。
②アセスメントの大切さを理解しましょう。
③アセスメントシートを使って、アセスメントを習得しましょう。

解 説

I アセスメントとは

アセスメントとは、訪問面接や、問い合わせ等により、利用者の持っている能力や身体状況、精神心理状況、社会環境状況、生活歴などの情報を収集することで、利用者を包括的にとらえ、理解するために行う作業です。集められた主観的データ（自覚症状、訴え）や客観的データ（他覚的所見）などの情報を整理し、問題を明確化することで、利用者が持つ生活全般の解決すべき課題を把握することができるのです。それは、基準第23条に示されているとおり、十分に利用者の状態を把握することで、今後の支援の方向性や自立に向けての具体的なケアを提供することができるため、とても重要な作業であるといえます。

II アセスメントの意義・目的

それぞれの利用者のアセスメントを行うことで、個別性を重視し、利用者や家族の特性に応じた支援方法が明確となり、適切な訪問介護サービスを提供することができます。

また定期的にアセスメントをすることにより、利用者の身体状況や環境の変化に合わせ、タイムリーな支援体制を保障することができます。さらに、今後の変化を予測し、危険回避の対応をとることも可能となります。

<アセスメントの意義・目的>
① ニーズを明確化する
② 適切な訪問介護計画を策定する
③ 身体状況や環境の変化などを予測し対策をたてる
④ 訪問介護計画の評価をする

III アセスメントの実際

1 利用者情報・訪問介護ニーズの把握

訪問介護サービス利用申込みを受け付けた後、事前訪問や介護支援専門員からの情報を基に、利用者の身体状況や精神心理状況、社会環境状況などをアセスメントし、生活全般の解決すべき課題（ニーズ）を把握します。

また、サービス提供開始後も定期的にアセスメントを行い、常に利用者の生活全般における解決すべき課題を把握するように努めなければなりません。

2　アセスメントの重要性

　援助の良し悪しはアセスメントで決まる、と言っても過言ではないでしょう。
　訪問介護員との何気ない日常の会話の中に、利用者の本音が隠れていることもあります。表現された言葉だけでなく、利用者の言葉の裏にある「何を求めているのか」「何を望んでいるのか」を探り、収集した情報を分析し、援助の形にしていくことが必要です。

アセスメントの様子

何を求めているのか

何を望んでいるのか

3　アセスメントの視点

(1) 介護予防

　介護予防では、利用者の持っている残存能力や潜在能力を活用して、自立した生活が実現できるように支援していくことが重要です。
　訪問介護のニーズを抽出する時には、単に利用者の希望をあげて、そのままサービスにつなげることは避けなければなりません。まず、ADLやIADLなどのアセスメントから、本人ができること、できないこと、時間をかければできることを明らかにします。そして、どの部分に援助が必要であるのか、どのように援助すればできるようになるのかを検討し、訪問介護計画を立てることが大切となります。
　これらのことを考えると、日常生活に密接にかかわる訪問介護サービスは、介護予防を実践する上で、非常に有効であるといえます。

(2) ICF の視点

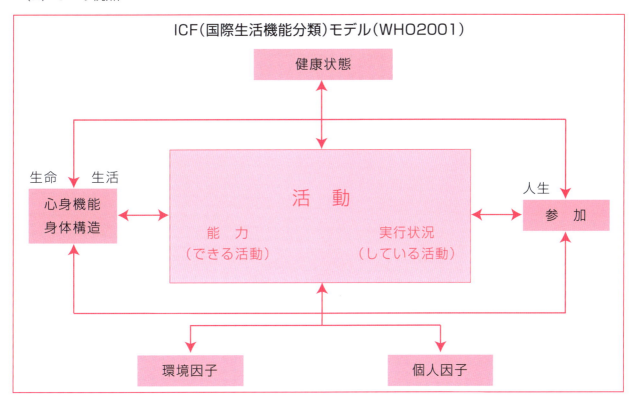

　サービス提供責任者は、「ICF」の視点を持ってアセスメントを行い、利用者の置かれている環境、生活障害の原因などを明らかにし、現在の生活を良くするために必要な「活動」は何かを利用者と一緒に考えます。その際には、<u>「残存機能」だけでなく「潜在生活機能」にも注目</u>し、<u>利用者が「望んでいる生活」</u>を実現するために、訪問介護員が「している活動」に専門的に働きかけ、生活機能を向上</u>させていくことが重要となります。

（第4章「ICF と生活リハビリ」参照）

4　アセスメントから具体的な援助へ

(1) 情報収集

　情報収集では、訪問により<u>自分の目で見て感じること</u>が必要です。ADL や IADL のほかに、その人の生活歴や価値観、住環境、家族関係、経済状況、病歴や受診の状況、近隣の支援や関係など、<u>色々な角度から必要な情報</u>を収集しましょう。

(2) 課題の明確化

　集めた情報を分析・総合し、「できること」「できないこと」「あきらめていること」などから、利用者にとっての<u>生活全般における解決すべき課題を明確</u>にしていきます。

(3) 援助方針の確立

　明確になった生活課題を解決するためには、どの部分にどのように働きかけたらよいかを検討し、訪問介護の援助方針を確立していきます。そして、<u>サービス担当者会議を通じて、居宅サービス計画に訪問介護の援助方針も明確に位置付け</u>てもらいます。

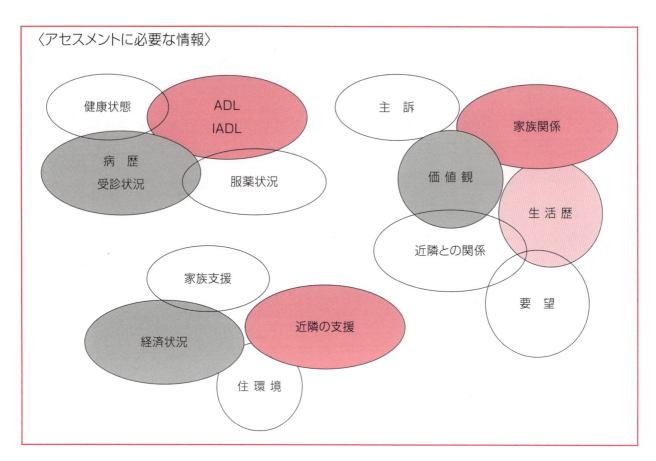

〈アセスメントに必要な情報〉

【参考文献】
　①大川弥生　「介護保険サービスとリハビリテーション」中央法規出版　2004年
　②季羽倭文子　「訪問看護のアセスメント」　中央法規出版　2003年
　③財団法人日本訪問看護振興財団　「在宅ケアにおけるアセスメントとケアプラン」　2004年

アセスメント票 ①（記入例）

作成日：　　年　　月　　日

本人・介護者の1日の生活の様子

時間	本人（田中　太郎　様）	介護者（吉田　道子　様）長女
7：30	起床 洗面・着替え・朝食（連続TVを見ながら） （月）（水）（金）は10：30〜ヘルパー訪問	起床の声かけ・排泄介助・更衣介助他
12：00	昼食　（火）（木）は、9：15〜ディケア利用	（月）〜（金）は、
13：00	昼寝	8：30〜16：00までパート勤務
15：00	ＴＶ	
18：30	夕食 ＴＶ	夕飯 塾のお迎え
21：30	就寝	

本人及び家族の希望

本人：自宅でずっと暮らしたい。家族に迷惑をかけたくないので、動けなくなったときには、施設に入ることも仕方ない。旅行に行きたい。

家族：できるだけの支援をしていきたい。いつまでも元気でいてほしい。

サービス提供上の検討課題

　　移動時の介助方法
　　体調不調時の入浴の可否判断
　　薬の飲み忘れが多い

他のサービスの利用状況

　　（火）（木）○○苑ディケア　9：15〜16：00

緊急連絡先・主治医	緊急連絡先・家族
○○病院　■■先生（内科）	長女勤務先：(株)○○　電話　03－000－0000 長女の携帯：090－000－0000

アセスメント票 ②（記入例）

作成日： 年 月 日

氏　名	性　別	生年月日	年　齢
○○○○ 様	㊚・女	M・T・Ⓢ 15年3月15日	78歳

担当介護支援専門員氏名	事業所名	連絡先
○○○子	■■居宅介護支援事業所	Tel： Fax：

家族構成　主たる介護者／住宅環境

主介護者：長女
（月に2回ほど長男訪問）

- 一戸建ての1Fに居住
- 2Fに長女家族が居住
- 手すりなど住宅改修済み
- 玄関から道路まで5段階段あり

生活概略

3年前に妻を亡くし長女宅に転居し同居となる。長女は平日パート勤務。週2回のディケアに行き、他の利用者との交流を楽しみにしている。自宅でも毎日リハビリメニューに取り組むほか、訪問介護員と買い物に出るなど、下肢筋力の低下を意識して生活している。家族関係は良いが、最近、耳が悪くなり人との会話に消極的となっている。

既往歴

平成27年12月　脳梗塞発症　軽度の右片麻痺が残る
平成19年頃　狭心症のため入院
平成13年頃　前立腺肥大が発症し、同年6月手術。7月退院。
腰痛

受診状況

医療機関	受診科目	担当医	電話	通院頻度
○○病院	脳外科	○○先生	000-000-0000	1回／月
○○病院	泌尿器科	○○先生	000-000-0000	1回／月
○○整形外科	整形外科	○○先生	000-000-0000	

特記事項・留意点等

最近、聞き違いによる誤解や薬の飲み忘れが多くなっている。
今月に入り自宅内で1回転倒している。つまずきが多くなっている。

アセスメント票 ③（記入例）

作成日：　　年　　月　　日

ADL等の状況

歩行：不安定のため一部介助	立位・座位：何かにつかまって可
排泄：一部介助（リハビリパンツ使用）	更衣：ボタンをかけるなどは一部介助
食事：自立	嚥下：自立
入浴：洗身・洗髪一部介助	洗面・整容：時間をかけて自立
聞く：大きな声で可	移動：伝い歩き
見る：眼鏡使用　大きな字なら見える	移乗：つかまって可

IADL等の状況

調理：一部介助（昼食調理）	買い物：一部介助
掃除：していない（家族対応）	ゴミだし：していない（家族対応）
洗濯：一部介助	通院：一部介助
金銭管理：家族対応	電話をかける：自立
その他：	

認知症状の有無

妄想・幻覚・徘徊等

物忘れは多くなっているが、深刻なBPSD（※）は見られない

生活上の困りごと

歩行が不安定。つまずきや転倒の危険がある。

聴力低下により、コミュニュケーションに支障が出ている。

薬の飲み忘れなど物忘れが多い。

特記事項・留意点

喫煙10本／日　飲酒2合／日

　　　　　　　　　　　　　　　　　　　　　　　　場所：自宅　　　同席者：長女

（※）BPSD：Behavioral and Psychological Symptoms of Dementia　の略
　　　「認知症の行動・心理症状」の意

4. 身体介護サービス

学習の手引き

ポイント
①身体介護サービスの具体的内容と留意点を理解しましょう。
②「訪問介護におけるサービス行為ごとの区分等について　老計第10号」について学び、サービス提供範囲を理解しましょう。
③医師や看護師、理学療法士、家族などとの連携の必要性を理解しましょう。

解　説

Ⅰ　身体介護の大原則

1　利用者の身体に<u>直接接触して行う介助</u>サービス
2　利用者の<u>日常生活動作能力や、意欲の向上のため</u>に、利用者と共に行う自立支援のためのサービス
3　その他、<u>専門的知識・技術をもって行う</u>、利用者の日常生活上・社会生活上のためのサービス

Ⅱ　留意事項

1　訪問介護員の選定と指導

　身体介護は、利用者の<u>健康と生命に関わるケア</u>であることを踏まえ、<u>訪問介護員の選定は、経験や体格、性別などを考慮</u>し、慎重に行いましょう。
　また、常に訪問介護員のサービス提供状況を確認し、事故のないように<u>介護技術の指導</u>を行います。特に、認知症などの利用者は、<u>対応方法によっては病状に大きく影響</u>することも稀ではなく、訪問介護員の選定や指導には注意が必要です。

2　家族との調整

　何もかも介護保険で対応するのではなく、<u>家族の支えている部分は尊重しつつ、家族の介護負担軽減の視点</u>を持つ必要があります。
　そのため、介助方法などが、サービス提供者側と利用者や家族と一致しない場合も起こりえます。そのような場合も、サービス提供責任者として、利用者と訪問介護員双方の安全を考え、<u>一番適切と思われる介護を一緒に検討し、利用者や家族に説明し同意をしてもらう</u>ことが重要です。必要に応じ、家族への介護指導も行いましょう。

3　サービス提供責任者の自己研鑽

　高齢者の疾患、障害の特性などの知識や、<u>介護技術を高めるための努力</u>を怠らないようにしましょう。

Ⅲ 訪問介護におけるサービス行為ごとの区分等について（老計第10号）

老計第10号とは、サービス行為ごとの区分とサービス行為の一連の行為が示されています。介護保険において、<u>訪問介護のサービス提供が可能な範囲</u>を具体的に示したものといえます。

老計第10号
平成12年3月17日

各都道府県介護保険主管部（局）長 殿

厚生省老人保健福祉局
老人福祉計画課長

訪問介護におけるサービス行為ごとの区分等について

　訪問介護の介護報酬については、「指定居宅サービスに要する費用の額の算定に関する基準（訪問通所サービス及び居宅療養管理指導に係る部分）及び指定居宅介護支援に要する費用の額の算定に関する基準の制定に伴う実施上の留意事項について」（平成12年3月1日付厚生省老人保健福祉局企画課長通知）において、その具体的な取扱いをお示ししているところであるが、今般、別紙の通り、訪問介護におけるサービス行為ごとの区分及び個々のサービス行為の一連の流れを例示したので、訪問介護計画及び居宅サービス計画（ケアプラン）を作成する際の参考として活用されたい。
　なお、「サービス準備・記録」は、あくまでも身体介護又は生活援助サービスを提供する際の事前準備等として行う行為であり、サービスに要する費用の額の算定にあたっては、この行為だけをもってして「身体介護」又は「生活援助」の一つの単独行為として取り扱わないよう留意されたい。
　また、今回示した個々のサービス行為の一連の流れは、あくまで例示であり、実際に利用者にサービスを提供する際には、当然、利用者個々人の身体状況や生活実態等に即した取扱いが求められることを念のため申し添える。

Ⅳ 身体介護サービス

　身体介護とは、(1)利用者の身体に直接接触して行う介助サービス（そのために必要となる準備、後かたづけ等の一連の行為を含む）、(2)利用者のADL・IADL・QOLや意欲の向上のために利用者と共に行う自立支援・重度化防止のためのサービス、(3)その他専門的知識・技術（介護を要する状態となった要因である心身の障害や疾病等に伴って必要となる特段の専門的配慮）をもって行う利用者の日常生活上・社会生活上のためのサービスをいう。（仮に、介護等を要する状態が解消されたならば不要※となる行為であるということができる。）

※ 例えば入浴や整容などの行為そのものは、たとえ介護を要する状態等が解消されても日常生活上必要な行為であるが、要介護状態が解消された場合、これらを「介助」する行為は不要となる。同様に、「特段の専門的配慮をもって行う調理」についても、調理そのものは必要な行為であるが、この場合も要介護状態が解消されたならば、流動食等の「特段の専門的配慮」は不要となる。

1-0 サービス準備・記録等

サービス準備は、身体介護サービスを提供する際の事前準備等として行う行為であり、状況に応じて以下のようなサービスを行うものである。

1-0-1 健康チェック
利用者の安否確認、顔色・発汗・体温等の健康状態のチェック

1-0-2 環境整備
換気、室温・日あたりの調整、ベッドまわりの簡単な整頓等

1-0-3 相談援助、情報収集・提供

1-0-4 サービス提供後の記録等

1-1 排泄・食事介助

1-1-1 排泄介助

1-1-1-1 トイレ利用
○トイレまでの安全確認→声かけ・説明→トイレへの移動（見守りを含む）→脱衣→排便・排尿→後始末→着衣→利用者の清潔介助→居室への移動→ヘルパー自身の清潔動作

○（場合により）失禁・失敗への対応（汚れた衣服の処理、陰部・臀部の清潔介助、便器等の簡単な清掃を含む）

1-1-1-2 ポータブルトイレ利用
○安全確認→声かけ・説明→環境整備（防水シートを敷く、衝立（ついたて）を立てる、ポータブルトイレを適切な位置に置くなど）→立位をとり脱衣（失禁の確認）→ポータブルトイレへの移乗→排便・排尿→後始末→立位をとり着衣→利用者の清潔介助→元の場所に戻り、安楽な姿勢の確保→ポータブルトイレの後始末→ヘルパー自身の清潔動作

○（場合により）失禁・失敗への対応（汚れた衣服の処理、陰部・臀部の清潔介助）

1-1-1-3 おむつ交換
○声かけ・説明→物品準備（湯・タオル・ティッシュペーパー等）→新しいおむつの準備→脱衣（おむつを開く→尿パットをとる）→陰部・臀部洗浄（皮膚の状態などの観察、パッティング、乾燥）→おむつの装着→おむつの具合の確認→着衣→汚れたおむつの後始末→使用物品の後始末→ヘルパー自身の清潔動作

○（場合により）おむつから漏れて汚れたリネン等の交換

○（必要に応じ）水分補給

1-1-2 食事介助
声かけ・説明（覚醒確認）→安全確認（誤飲兆候の観察）→ヘルパー自身の清潔動作→準備（利用者の手洗い、排泄、エプロン・タオル・おしぼりなどの物品準備）→食事場所の環境整備→食事姿勢の確保（ベッド上での座位保持を含む）→配膳→メニュー・材料の説明→摂食介助（おかずをきざむ・つぶす、吸い口で水分を補給するなどを含む）→服薬介助→安楽な姿勢の確保→気分の確認→食べこぼしの処理→後始末（エプロン・タオルなどの後始末、下膳、残滓（ざんさい）の処理、食器洗い）→ヘルパー自身の清潔動作

1-1-3 特段の専門的配慮をもって行う調理
○嚥下困難者のための流動食等の調理

1－2 清拭・入浴、身体整容

1－2－1 清拭（全身清拭）

○ヘルパー自身の身支度→物品準備（湯・タオル・着替えなど）→声かけ・説明→顔・首の清拭→上半身脱衣→上半身の皮膚等の観察→上肢の清拭→胸・腹の清拭→背の清拭→上半身着衣→下肢脱衣→下肢の皮膚等の観察→下肢の清拭→陰部・臀部の清拭→下肢着衣→身体状況の点検・確認→水分補給→使用物品の後始末→汚れた衣服の処理→ヘルパー自身の清潔動作

1－2－2 部分浴

1－2－2－1 手浴及び足浴

○ヘルパー自身の身支度→物品準備（湯・タオルなど）→声かけ・説明→適切な体位の確保→脱衣→皮膚等の観察→手浴・足浴→身体を拭く・乾かす→着衣→安楽な姿勢の確保→水分補給→身体状況の点検・確認→使用物品の後始末→ヘルパー自身の清潔動作

1－2－2－2 洗髪

○ヘルパー自身の身支度→物品準備（湯・タオルなど）→声かけ・説明→適切な体位の確保→洗髪→髪を拭く・乾かす→安楽な姿勢の確保→水分補給→身体状況の点検・確認→使用物品の後始末→ヘルパー自身の清潔動作

1－2－3 全身浴

○安全確認（浴室での安全）→声かけ・説明→浴槽の清掃→湯はり→物品準備（タオル・着替えなど）→ヘルパー自身の身支度→排泄の確認→脱衣室の温度確認→脱衣→皮膚等の観察→浴室への移動→湯温の確認→入湯→洗体・すすぎ→洗髪・すすぎ→入湯→体を拭く→着衣→身体状況の点検・確認→髪の乾燥、整髪→浴室から居室への移動→水分補給→汚れた衣服の処理→浴槽の簡単な後始末→使用物品の後始末→ヘルパー自身の身支度、清潔動作

1－2－4 洗面等

○洗面所までの安全確認→声かけ・説明→洗面所への移動→座位確保→物品準備（歯ブラシ、歯磨き粉、ガーゼなど）→洗面用具準備→洗面（タオルで顔を拭く、歯磨き見守り・介助、うがい見守り・介助）→居室への移動（見守りを含む）→使用物品の後始末→ヘルパー自身の清潔動作

1－2－5 身体整容（日常的な行為としての身体整容）

○声かけ・説明→鏡台等への移動（見守りを含む）→座位確保→物品の準備→整容（手足の爪きり、耳そうじ、髭の手入れ、髪の手入れ、簡単な化粧）→使用物品の後始末→ヘルパー自身の清潔動作

1－2－6 更衣介助

○声かけ・説明→着替えの準備（寝間着・下着・外出着・靴下等）→上半身脱衣→上半身着衣→下半身脱衣→下半身着衣→靴下を脱がせる→靴下を履かせる→着替えた衣類を洗濯物置き場に運ぶ→スリッパや靴を履かせる

1-3 体位変換、移動・移乗介助、外出介助
　1-3-1 体位変換
　　○声かけ、説明→体位変換（仰臥位から側臥位、側臥位から仰臥位）→良肢位の確保（腰・肩をひく等）→安楽な姿勢の保持（座布団・パットなどあて物をする等）→確認（安楽なのか、めまいはないのかなど）
　1-3-2 移乗・移動介助
　　1-3-2-1 移乗
　　　○車いすの準備→声かけ・説明→ブレーキ・タイヤ等の確認→ベッドサイドで端座位の保持→立位→車いすに座らせる→座位の確保（後ろにひく、ずれを防ぐためあて物をするなど）→フットレストを下げて片方ずつ足を乗せる→気分の確認
　　　○その他の補装具（歩行器、杖）の準備→声かけ・説明→移乗→気分の確認
　　1-3-2-2 移動
　　　○安全移動のための通路の確保（廊下・居室内等）→声かけ・説明→移動（車いすを押す、歩行器に手をかける、手を引くなど）→気分の確認
　1-3-3 通院・外出介助
　　○声かけ・説明→目的地（病院等）に行くための準備→バス等の交通機関への乗降→気分の確認→受診等の手続き
　　○（場合により）院内の移動等の介助

1-4 起床及び就寝介助
　1-4-1 起床・就寝介助
　　1-4-1-1 起床介助
　　　○声かけ・説明（覚醒確認）→ベッドサイドでの端座位の確保→ベッドサイドでの起きあがり→ベッドからの移動（両手を引いて介助）→気分の確認
　　　○（場合により）布団をたたみ押入に入れる
　　1-4-1-2 就寝介助
　　　○声かけ・説明→準備（シーツのしわをのばし食べかすやほこりをはらう、布団やベッド上のものを片づける等）→ベッドへの移動（両手を引いて介助）→ベッドサイドでの端座位の確保→ベッド上での仰臥位又は側臥位の確保→リネンの快適さの確認（掛け物を気温によって調整する等）→気分の確認
　　　○（場合により）布団を敷く

1-5　服薬介助
　○水の準備→配剤された薬をテーブルの上に出し、確認（飲み忘れないようにする）→本人が薬を飲むのを手伝う→後片付け、確認

Chapter 2

1-6 自立生活支援・重度化防止のための見守り的援助（自立支援、ADL・IADL・QOL向上の観点から安全を確保しつつ常時介助できる状態で行う見守り等）
○ベッド上からポータブルトイレ等（いす）へ利用者が移乗する際に、転倒等の防止のため付き添い、必要に応じて介助を行う
○認知症等の高齢者がリハビリパンツやパット交換を見守り・声かけを行うことにより、一人で出来るだけ交換し後始末が出来るように支援する
○認知症等の高齢者に対して、ヘルパーが声かけと誘導で食事・水分摂取を支援する
○入浴、更衣等の見守り（必要に応じて行う介助、転倒予防のための声かけ、気分の確認などを含む）
○移動時、転倒しないように側について歩く（介護は必要時だけで、事故がないように常に見守る）
○ベッドの出入り時など自立を促すための声かけ（声かけや見守り中心で必要な時だけ介助）
○本人が自ら適切な服薬ができるよう、服薬時において、直接介助は行わずに、側で見守り、服薬を促す
○利用者と一緒に手助けや声かけ及び見守りしながら行う掃除、整理整頓（安全確認の声かけ、疲労の確認を含む）
○ゴミの分別が分からない利用者と一緒に分別をしてゴミ出しのルールを理解してもらう又は思い出してもらうよう援助
○認知症の高齢者の方と一緒に冷蔵庫のなかの整理等を行うことにより、生活歴の喚起を促す
○洗濯物を一緒に干したりたたんだりすることにより自立支援を促すとともに、転倒予防等のための見守り・声かけを行う
○利用者と一緒に手助けや声かけ及び見守りしながら行うベッドでのシーツ交換、布団カバーの交換等
○利用者と一緒に手助けや声かけ及び見守りしながら行う衣類の整理・被服の補修
○利用者と一緒に手助けや声かけ及び見守りしながら行う調理、配膳、後片付け（安全確認の声かけ、疲労の確認を含む）
○車イス等での移動介助を行って店に行き、本人が自ら品物を選べるよう援助
○上記のほか、安全を確保しつつ常時介助できる状態で行うもの等であって、利用者と訪問介護員等がともに日常生活に関する動作を行うことが、ADL・IADL・QOL向上の観点から、利用者の自立支援・重度化防止に資するものとしてケアプランに位置付けられたもの
※赤文字の9項目は、身体介護における「自立生活支援のための見守り的援助」の明確化を行うため新設されたもので、平成30年4月1日より適用されています。

1 排泄介助
（1）基本的な活動
　　① おむつ交換
　　② 失禁の世話
　　　（ア）身体の保清をした後の衣類の交換
　　　（イ）失禁のために汚れた室内の掃除
　　　（ウ）オムツから漏れてしまった場合などのリネンの交換

③ 陰部および臀部の清拭・洗浄
④ トイレやポータブルトイレへの移動介助
⑤ 尿器などの介助　差し込み便器や採尿器を使う介助
⑥ トイレへの誘導や見守り、移動のほか、排泄が可能であっても促しや後始末の確認を要する利用者への介助

(2) 陰部洗浄
① トイレやベッド上で、陰部洗浄器などを使っての陰部洗浄
＊温度の確認…やけどなど思わぬ事故を引き起こす場合があるので、必ず使用する湯の温度（36℃程度）を点検するよう指導します。
また、冷たい水を使用することがないように注意しましょう。

(3) 留意点
① 利用者の状態が同様であっても、おむつ交換あるいはトイレ介助というように介助方法が違うこともあるため、まず利用者や家族の意向を尊重しましょう。
② 狭い空間での移動介助は、利用者の転倒や訪問介護員のギックリ腰などの事故の可能性も高いことから、サービス提供責任者自ら実際に介助を行ったうえで、訪問介護員へ安全な介助方法を指導しましょう。

2　食事介助

(1) 基本的な活動
① 準　備…食事ができるように姿勢を整え、利用者の手を拭く。
　　　　　　食べやすいように食膳を配置する。
② 介　助…利用者の状況に応じて、全介助あるいは一部介助で食べていただく。
　　　　　　おかずをきざむ、つぶす、吸い口で水分を補給する、などを含む。
③ 見守り…自力で食べられる利用者であっても、むせやすくて注意が必要な場合や、認知症のためそばにいる必要がある場合の見守り。
④ 後始末…食後に利用者の手、口の周りを拭いて清潔にする。
　　　　　　食べこぼしの始末をする。
⑤ 特段の専門的配慮をもって行う調理…以下に相当するものをいう。
※医師・管理栄養士の指示に基づき、居宅サービス計画に位置付けられていることを前提とする。

六　指定居宅サービス介護給付費単位数表の居宅療養管理指導費のハの注のイの厚生大臣が定める特別食
「疾病治療の直接手段として，医師の発行する食事せんに基づき提供された適切な栄養量及び内容を有する腎臓病食，肝臓病食，糖尿病食，胃潰瘍食，貧血食，膵臓病食，脂質異常症食，通風食，嚥下困難者のための流動食，経管栄養のための濃厚流動食及び特別な場合の検査食（単なる流動食及び軟食を除く。）」
『「厚生大臣が定める者等を定める件（H12.2.10）」厚生省告示第23号』

> 「調理に当たっては、利用者の心身の状況や生活状況等を勘案した上で、熱量、蛋白質量、脂質量等の食事内容について配慮を行うものであり、例えば、医師の具体的な指示に基づく管理栄養士の居宅療養管理指導に沿った調理を行うなど、居宅療養管理指導事業所等との連携が重要であることに留意されたい。」
> 　　　　　　　　　『「運営基準等に係るＱ＆Ａについて（Ｈ 14. 3.28)」厚労省老健局振興課)』

(2) 留意点
　① サービス提供責任者は、あらかじめ利用者の嚥下状態を確認し、訪問介護員に対し食事介助方法について指導するとともに、緊急時の対応も具体的に指示しておきましょう。
　② 必要に応じて、食事の量・水分摂取の量を記録しましょう。
　③ 食後はすぐに横になることを避け、しばらく座位を保つよう指導しましょう。

3　身体の清拭・洗髪・部分浴・洗面等
(1) 基本的な活動
　① 保清のため、全身または体の一部を拭く。
　② 洗面器などを使って手や足を洗う。
　③ ベッド上、洗面台など、浴室外で洗髪する。
　　（ドライシャンプーを含む）
　④ 洗面台へ誘導したり、ベッド上で行う歯磨き
　　（磨き残しの確認や義歯の洗浄、うがいを含む）
　⑤ 利用者が寝たままで行うシーツ交換

(2) 留意点
　① 事前に利用者の体温・体調・皮膚の状態などをチェックしましょう。
　② 清拭する際、室温に注意しましょう。
　③ 清拭する部位の順序を守りましょう。
　　顔→上肢→上半身（胸・腹・背）→下肢→陰部・臀部
　④ やけどなどの事故を起こさないように、保清の際は必ず素手で使用するお湯の温度を点検しましょう。
　⑤ 保温やプライバシーの保護、また事故を未然に防ぐためにも、手順を考え訪問介護員の手の届くところに物品を揃えるなど事前準備を心がけ、利用者の側を離れることがないようにしましょう。
　⑥ 利用者の保温や羞恥心に配慮し、タオルをかけるなどして露出部分は最小限にします。また、カーテンを閉めるなど、プライバシーが保てるように気をつけましょう。

4　全身浴
(1) 基本的な活動
　① 浴槽の出入りを含む浴室での移動介助

② 入浴のための着脱介助
③ 利用者ができない部分の洗体・洗髪介助
④ 入浴後に利用者の体を拭く
⑤ 入浴前の準備や温度調節、入浴後の後始末、火の元の点検

(2) 留意点

入浴は、容態の急変や転倒などの危険が伴うため、慎重に検討しましょう。状態の変化が生じた時には、サービス提供責任者は必要に応じて訪問し、入浴の可否や介助方法を再検討します。

<入浴介助を実施するにあたっての注意点>
① 入浴時に危険があると判断される疾病の場合は、介護支援専門員を通じて医師の指示を受けましょう。浴室の改造や入浴介助機器の使用も含めて介護支援専門員と相談し、入浴の可否を判断しましょう。
② 事前に利用者の体温・体調・皮膚の状態などをチェックしましょう。
③ 訪問介護員が利用者の健康面などで様子がおかしいと判断した時は、サービス提供責任者に速やかに連絡するよう指示しておきます。サービス提供責任者は、家族と事前に取り決めた連絡先に連絡を入れ、相談し訪問介護員へ指示を出しましょう。
④ 入浴前後には水分補給を行いましょう。
⑤ 訪問看護師が入浴介助を行い、訪問介護員が補助対応を行う場合があります。この場合は、介護支援専門員からの指示が必要です。
⑥ 家事を行いながらの入浴の見守りは、入浴している時間全てを身体介護として算定できるわけではありません。声かけ・見守りを行っている時間のみ算定が可能です。

5 更衣介助

(1) 基本的な活動
① 外出時などに行う着替えの全部の介助、またはボタン掛け、ファスナーなどの一部の介助
② 天候や気温に配慮し、衣服の着脱の声かけもしくは介助
③ 認知症の方などへの声かけ・見守り

6 身体整容

(1) 基本的な活動
利用者の身だしなみを整えるための介助、あるいは一部を手伝う

(2) 整髪の介助
① ブラッシング
② ドライヤーの使用、整髪剤でのセット、まとめ髪、蒸しタオルなどでの癖直しなどの簡易な手入れ

(3) 髭剃り
安全を考慮し、1つの電気カミソリを複数人で使用することは避け、利用者本人の電気カミソリを使用することを原則とするなど、感染症予防に十分注意しましょう。

(4) 爪きり
巻き爪、変形した爪、肥厚爪などは医療行為にあたるため、介護支援専門員を通じて医療機関

や保健所に連絡を取り、協力を仰ぎましょう。
(5) 短時間でおこなえる範囲の化粧

7　体位変換
(1) 基本的な活動
　　褥瘡防止と安楽な姿勢の保持のため、寝返りをうてない利用者の身体の向きや姿勢を一定時間ごとに変える。

＜褥瘡の予防と対応＞
① 日中は、出来るだけ座位で過ごし、離床時間を増やすようにしましょう。
② 訪問介護員による観察の大切さを指導しておきましょう。
早期発見、早期対応が重要です。重度化すると完治するまでにかなりの時間を要することも稀ではありません。
③ 介護支援専門員を中心に、訪問看護師などのサポートを得ながら、評価で明らかになった危険因子について改善の方針を立てましょう。
④ 皮膚の清潔や除圧だけでなく、栄養が皮膚に及ぼす影響についても意識することが大切です。
⑤ 失禁のある利用者で、パンツ、オムツなどを使用している場合、素材の吸湿性や肌にあたる部分が乾燥するよう工夫しましょう。

(2) 留意点
　　① 患側が下にならないようにしましょう。
　　② カテーテル使用の利用者の介助は、チューブの位置にも注意しましょう。

8　移動・移乗介助
(1) 基本的な活動（座位・臥床から臥床・座位への介助）
　　ベッドから車椅子・トイレ・ポータブルトイレなどに移乗する。
(2) 留意点
　　利用者の体調や訪問介護員の介護技術により、大きな事故につながる危険があるため、介助方法などを慎重に検討しましょう。
　　サービス提供責任者は、移動・移乗サービスを実施する際は、必ず居宅を訪問して詳細なアセスメントを行い、危険が回避できるよう介助方法を検討します。場合により、介護支援専門員に相談し、理学療法士などを交え、介助方法について検討することも大切です。
　　その後も、利用者に変化が生じた時や担当訪問介護員の交替の時などは、必要に応じて訪問し、状態を確認し介助方法を検討しましょう。
　　移乗に適した車椅子を選ぶなど（肘当てやフットサポートの取り外しが可能なものなど）、福祉用具も検討しましょう。

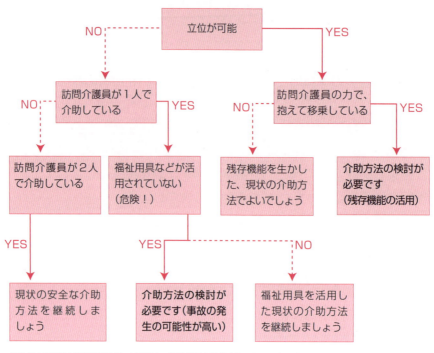

出典:社会福祉法人横浜市福祉サービス協会　移動・移乗介助ガイドライン　2007年

| 旧厚生省労働基準局第547号通達（抜粋） | 平成6年9月6日 |

職場における腰痛予防対策の推進について
2　重量物の取扱い重量
（1）　満18歳以上の男子労働者が人力のみにより取り扱う重量は、55kg以下にすること。
　　　また、当該男子労働者が、常時、人力のみにより取り扱う場合の重量は、当該労働者の体重のおおむね40％以下となるように努めること。
（2）　（1）の重量を超える重量物を取り扱わせる場合には、2人以上で行わせるように努め、この場合、各々の労働者に重量が均一にかかるようにすること
　　　（一般に女性の持ち上げ能力は、男子の60％位である）

9　通院・外出介助
(1) 外出先
　　① 医療機関（治療・リハビリテーション・補装具の検査を含む）
　　② 区役所等の公共機関
　　③ 社会福祉施設（サービス利用選択のための見学等）

＜介護保険で認められていない外出先＞
　・贈答品などの購入のために行く遠方のデパート
　・趣味の会
　・お花見
　・お墓参り
　・冠婚葬祭
　・理美容院
　　　など、その外出ができなくても、日常生活に支障のない外出は提供できません。

(2) 通院介助の算定上の留意点
   ① 院内介助については、算定可否を居宅サービス計画で確認しておきましょう。
    （注）院内介助については、「老計第10号　1－3－3　通院・外出介助」において、「（場合により）院内の移動等の介助」と明記されています。
      どのような場合に算定できるのかは、各市町村に問い合わせをしてください。
   ② 通院介助における介助のない単なる待ち時間は、サービス提供時間に含みません。
   ③ 自宅から2か所の病院を続けて通院介助を行なう場合、病院間の移動については介護保険では算定できません。

(3) 外出介助の留意点
   ① 経路に危険はないか、介助方法は適切か確認しておきましょう。
   ② 訪問介護員の選定にあたっては、注意力・技術力に留意します。指示にあたっては、実際に行い、安全を確認し、常に介護の基本に沿って行うよう指導しましょう。

10　起床介助、就寝介助

(1) 基本的な活動
   ① 起床、就寝に伴う声かけ、姿勢の確保、ベッド及び車椅子などからの移動

11　服薬介助

(1) 基本的な活動
   医師の処方薬の服薬確認や準備、声かけ、うながし、見守り

12　自立生活支援のための見守り的援助の具体例

(1) 車椅子介助や歩行介助により、近隣の店に行き、本人が自ら品物を選び支払いを行うなど、自立を促し、身体機能低下を予防するための援助。
(2) 家事行為の経験がない利用者と一緒に家事を行い、家事を習得してもらい、自立を促す。（安全確認の声かけ、疲労の確認を含む）
(3) 入浴、更衣などの見守り。（必要に応じて行う介助、転倒予防のための声かけ、気分の確認などを含む）
(4) 廃用性症候群（生活不活発病）予防のために、離床を促す声かけを行う。（声かけや見守り中心で必要な時だけ介助）
(5) 認知症の利用者と共に家事を行うことにより、生活歴の喚起を促す。
(6) 疾病に配慮した調理を一緒に行う事で、病識を持ち、体調管理の自立を促す。
(7) 一緒に家事を行い、生活行為を維持・継続できるよう援助する。
   ※介助行為のない単なる見守りは、介護報酬を算定することができません。

13　その他必要な介護

   上記1～12以外の介護で、居宅サービス計画と訪問介護計画に位置付けられたもの。

5. 生活援助サービス

学習の手引き

ポイント
①生活援助サービスの具体的内容と留意点を理解しましょう。
②サービス提供範囲について理解しましょう。

解　説

I 生活援助の大原則

1 「直接利用者本人の援助」に該当すること
(1) 利用者に対する援助であり、家族の利便に供する行為又は家族が行うことが適当と判断される行為は対象外です。
(2) 生活援助であっても、利用者の安全確認を行いながら行うものであり、利用者不在のままサービス提供することはできません。

2 「日常生活の援助」に該当すること
(1) 日常的に行われる家事の範囲を超える行為（大掃除・模様替え等）は、対象外です。
(2) 訪問介護員が行わなくても、日常生活を営むのに支障が生じないと判断される行為（ペットの世話・草むしり等）は対象外です。
(3) 商品の販売や農作業等の生業の援助行為は対象外です。

介護保険対象外の行為の一例（ペットの世話・草むしり・洗車・家屋の修理）

Ⅱ 留意事項

1 サービスの範囲

訪問介護サービスの基本は「日常生活を維持するための家事」ですが、生活習慣や生活程度は利用者ごとに千差万別です。その範囲や程度を一律に決めることは非常に難しいことです。したがって、個々の利用者の具体的なサービスを考える際には、介護保険制度で定められた範囲内、又は介護支援専門員が作成する居宅サービス計画に基づき、利用者の希望、生活実態、日常生活能力、家族の状況等を考慮して、利用者の生活の質を少しでも高める方向で判断することが必要です。

2 家族への対応

現在の介護保険制度は、利用者個人へのサービスを前提としているため、その個人を含む世帯にサービスを提供するものではありません。しかし、家事は通常世帯単位で行われ、個人として分割しにくいものです。そこで、サービスの範囲を決めるにあたっては、家族との調整も必要です。

3 同居家族が家事能力に欠ける場合

基本的に同居家族へのサービスは行いませんが、同居家族が高齢・病弱・障害など何らかの事情で家事能力に欠ける場合は、配慮が必要でしょう。他制度のサービスにつなげるなど、介護支援専門員との密な連携が必要です。

4 安全確認

サービス提供終了時には、電気・ガス・水道を確認するよう訪問介護員に指導しましょう。漏水や火災などの大きな事故の原因となるからです。

5 生活の組み立てとサービスの組み立て

課題を解決するために、各サービスを効果的に組み立てて利用者の生活の自立度を高め、利用者の生活が滞りなく行われるように努めることが大切です。

適宜、介護支援専門員にモニタリングによる生活状況の変化などを連絡し、ニーズに合わせ、サービス内容や時間数、時間帯、回数などを調整します。

Ⅲ 生活援助サービス（老計第10号より抜粋）

生活援助とは、身体介護以外の訪問介護であって、掃除、洗濯、調理などの日常生活の援助（そのために必要な一連の行為を含む）であり、利用者が単身、家族が障害・疾病などのため、本人や家族が家事を行うことが困難な場合に行われるものをいう。（生活援助は、本人の代行的サービスとして位置づけることができ、仮に、介護等を要する状態が解消されたとしたならば、本人が自身で行うことが基本となる行為であるということができる。）

＊次のような行為は生活援助の内容に含まれないものであるので留意すること。
　① 商品の販売・農作業等生業の援助的な行為
　② 直接、本人の日常生活の援助に属さないと判断される行為

2-0　サービス基準等
サービス基準は、生活援助サービスを提供する際の事前準備等として行う行為であり、状況に応じて以下のようなサービスを行うものである。

2-0-1　健康チェック
　利用者の安否確認、顔色等のチェック

2-0-2　環境整備
　換気、室温・日当たりの調整等

2-0-3　相談援助、情報収集・提供

2-0-4　サービス提供後の記録等

2-1　掃除
○居室内やトイレ、卓上等の清掃
○ごみ出し
○準備・後片付け

2-2　洗濯
○洗濯機または手洗いによる洗濯
○洗濯物の乾燥（物干し）
○洗濯物の取り入れと収納
○アイロンがけ

2-3　ベッドメイク
○利用者不在のベッドでのシーツ交換、布団カバーの交換等

2-4　衣類の整理・被服の補修
○衣類の整理（夏・冬物等の入れ替え等）
○被服の補修（ボタンつけ・破れの補修等）

2-5　一般的な調理・配下膳
○配膳、後片付けのみ
○一般的な調理

2-6　買い物・薬の受け取り
○日常品等の買い物（内容の確認、品物・釣り銭の確認を含む）
○薬の受け取り

Ⅳ　サービス内容

1　掃除
（1）基本的な活動
　① 利用者が日常使用している居室・風呂・トイレ・台所などの掃除
　② ゴミ捨て・布団干し・日常生活用品の整理整頓
　　※掃除の範囲については、サービス提供責任者が利用者に確認した上で訪問介護員に指示し、訪問介護員の独自の判断では行わないように注意しておきましょう。

(2) 共同住宅の共有部分の掃除

　介護保険の対象外であるため、住宅を管理する側で考慮してもらうよう、介護支援専門員に相談しましょう。

(3) 住居の共有部分の掃除について

　他の家族との共有部分（風呂、トイレ、居間、台所など）の掃除は原則家族が行うものですが、利用者が使用して汚したトイレは、排泄介助の一連の行為として掃除を行います。

　また、訪問介護員が使用した台所などについては、後始末程度の掃除を行うことは必要でしょう。家族が行わないため、利用者の生活に支障をきたすような状況にある場合は、訪問介護員が対応することも必要と思われますので、介護支援専門員に相談しましょう。

(4) 留意点

① 掃除の方法については、利用者ごとにそれぞれ個別性があるので、事前に確認することが必要です。

② 物品を整理し捨てる時は、利用者に確認してもらいましょう。
訪問介護員の判断で勝手に捨てることは、避けなければいけません。生活習慣や価値観の違いから、トラブルの原因となることもあるからです。

③ 基本的に置き場所、収納場所は変えないようにしましょう。
特に認知症状のある利用者は"盗まれた"と誤解し、混乱をまねく恐れがあります。
視覚に障害のある利用者も置き場所、収納場所を確認してもらうなどの配慮が必要です。

④ 部屋数の多い家は、利用者が主に生活している部屋を居室とします。

⑤ 訪問介護員が、現金や貴重品に手を触れることのないよう、指導しておきましょう。

⑥ 訪問介護員が行えない家屋の修繕や植木の剪定、大掃除などの要望を受けたときは、介護支援専門員に相談し、必要に応じて介護保険外サービスを案内するなどの対応をとりましょう。

2　洗濯

(1) 基本的な活動

① 日常的な衣類、下着、シーツなど、家庭で洗える物の洗濯、乾燥、収納
　※セーターなどは利用者に確認し、洗濯表示を確認してから行いましょう。

② 短時間でできる日常着などのアイロンがけ

(2) 留意点

① サービス提供後に利用者本人が洗濯物を取り込む場合は、転倒などの危険がないように、干し方や干す場所に十分配慮しましょう。

② 衣類のポケットなどに何か入っていないか、洗濯前に点検しましょう。

③ 洗濯に使用する洗剤の種類を確認しておきましょう。特に漂白剤の使用にあたっては、色落ちなどもあるため注意をしましょう。

④ 水漏れは重大な事故となりえるため、洗濯中は排水に注意しましょう。

3　ベッドメイク

(1) 基本的な活動

　利用者がベッド上にいない状態での、シーツ交換や布団カバーの交換

(2) 留意点
- ① 褥瘡の原因になりますので、シーツのしわはつくらないようにしましょう。
- ② ベッド柵は元どおりにしておきましょう。場合によっては、利用者の希望によって取り付け直します。

※利用者がベッドで寝たままの状態でのシーツ交換は、「身体介護」に区分されます。

4　衣服の整理・被服の補修
(1) 基本的な活動
- ① 季節の変わり目の衣類・寝具の整理・交換
- ② ボタンつけやほつれ、パジャマの裾上げなどの簡単な補修

(2) 留意点

基本的に置き場所、収納場所は変えないようにしましょう。

特に認知症状のある利用者は"盗まれた"と誤解し、混乱をまねく恐れもありますので注意しましょう。

視覚に障害のある利用者も置き場所、収納場所を確認してもらうなどの配慮が必要です。

5　一般的な調理・配下膳
(1) 基本的な活動
- ① 日常の食事のための一般的な家庭料理の調理

　※冷蔵・冷凍により、複数回分の作り置きが必要な場合もありますが、衛生管理には十分な配慮が必要です。
- ② 配下膳
- ③ 冷蔵庫内の整理や残り物の整理などの食品の管理

(2) 留意点
- ① 訪問介護員には、火の元の注意を徹底しましょう。

　空焚き、てんぷら油の引火、ガス栓の閉め忘れなど、具体的に例を挙げて注意を喚起するようにします。
- ② 治療食を要する時は、訪問介護員の調理能力や正確さなどを考慮して人選するようにしましょう。
- ③ 食中毒防止のためにも、訪問介護員には手洗いを励行させ、冷蔵庫や台所の清潔・作り置きの量などの食品管理に注意するよう指導しましょう。
- ④ 病態に配慮した調理が必要な場合などは、家族や訪問介護員同士の連絡用ノートを用意するなどの工夫をしましょう。
- ⑤ 冷蔵庫の整理などで食品を捨てる時は、利用者に確認してもらいましょう。

　利用者の価値観・習慣に配慮し、訪問介護員の判断で勝手に捨てないよう指導しましょう。

6　買い物
(1) 基本的な活動

利用者から代金を預かり、利用者の意向に沿った品物の購入

※利用者が物品の管理ができない場合は、家族や介護支援専門員などと事前に検討し、訪問介

護員が見繕って購入する場合もあります。

※買い物先の範囲は、利用者宅の生活圏内とします。

(2) 金銭を取り扱う際の注意点
   ① 現金を預かる時に、金種と金額を利用者に確認します。
   ② 購入後は、店で釣り銭の確認をします。
   ③ 利用者にお釣りを渡す時には、レシート(または領収証)を添えて利用者と共に確認します。
   ④ 利用者に確認能力がない場合は、必ず家族又はサービス提供責任者、介護支援専門員が確認出来るように出納帳に記入し、支払金額、購入した品物、残金を明らかにしておくようにしましょう。
   ⑤ 金銭に関わることはトラブルが起きやすく、訪問介護員には不注意による紛失や釣銭の間違いなどで、利用者に迷惑をかける事がないよう、細心の注意をして取り扱うよう常に指導しましょう。
   ⑥ 買い物に行く際は、紛失、ひったくりなどの事故に遭わないよう注意しましょう。

(3) 利用者宅訪問前の買い物

生活援助における「買い物」サービスを行う場合、訪問介護員等は利用者の自宅に立ち寄ってから、購入すべき食品又は日用品等を利用者に確認し、店舗に向かうこととされていましたが、平成24年度施行の介護報酬改定に伴い、「前回訪問時あるいは事前の電話等により利用者から購入すべき商品を確認した上で、事業所等から店舗に向かい、商品を購入後、利用者の居宅に向かうことができるものとする。」と変更されました。

「平成24年度介護報酬改定に関するQ＆A（平成24年3月16日）」より

介護支援専門員に訪問前の買い物が適切か否か、サービス提供前にあらかじめ確認しましょう。

(4) 留意点
   ① 遠方の特定の店での買い物の依頼については、その必要性を考慮し、介護支援専門員と調整しましょう。
   ② 同じ品目でも高価な物、安価な物があります。
      利用者の生活状況に配慮して、品物を選ぶことも必要となります。

7　薬の受け取り

(1) 基本的な活動
   ① かかりつけの医師や病院の処方による薬を薬局で受け取る
   ② 病院や薬局からの服薬、療養上の注意などを、利用者や家族に正確に伝達する。

(2) 留意点
   ① 金銭の取り扱いには、十分に注意する。
   ② 服薬指示などは必ずメモを取り、利用者にわかるように正確に説明しましょう。
   ③ 重大な病気の説明は、訪問介護員が聞くのではなく、利用者や家族に直接説明をしてもらえるように医師に依頼しましょう。

利用者と訪問介護員がつり銭を確認している様子

8　金銭の取り扱いに関する留意点
　　訪問介護員が金銭管理を行うことはできません。
　　訪問介護員は利用者と1対1で対応する場合が多く、トラブルを避けるために、金銭等の管理（金銭、通帳、印鑑、有価証券等の保管及び通帳・カード・有価証券などを使用した金銭の出し入れの代行など）は行いません。
　　認知症等により金銭管理のできない利用者や、外出困難のため銀行などで出入金のできない利用者については、介護支援専門員等を通じて、家族や近親者の協力を求めるか、金融機関の訪問サービスや行政サービスの活用などを検討しましょう。

＜銀行等に利用者と同行する際の注意点＞
　訪問介護員は利用者の身体の安全確保のみ行い、不用意に「暗証番号を押す」「氏名の代筆」「銀行印の押印」などは行わないよう指導しましょう。
　介助が必要な場合は、金融機関の窓口に相談しましょう。

Ⅴ　生活援助中心型サービスの担い手

1　担い手の拡大
　　厚生労働省は、訪問介護事業所における更なる人材確保の必要性を踏まえ、介護福祉士等は身体介護を中心に行うこととし、生活援助中心型については、生活援助中心型サービスに必要な知識等に対応した研修（生活援助従事者研修課程）を修了した人が担っていく方向性を示しました。生活援助中心型サービスは介護福祉士等が提供する場合と新研修修了者が提供する場合とが出てきますが、両者の報酬は同様となります。

6. 訪問介護計画

学習の手引き

ポイント
①訪問介護計画とは何かを理解しましょう。
②居宅サービス計画との連動を理解しましょう。
③目標設定の重要性を理解しましょう。

解　説

I 訪問介護計画とは

1 定義

　訪問介護計画とは、アセスメントから導き出された課題を解決するために、訪問介護の援助の方向性や目標を明確にし、その目標を達成するために必要なサービスの内容やサービス提供の手順、留意事項、所要時間などを、具体的に明らかにしたものです。

II 訪問介護計画の意義・目的

　訪問介護員が支援すべき課題や目標を明確にし、課題を解決するための支援方法について、利用者が確認、同意し、契約するものです。
　また、利用者のサービス内容等への意向の反映の機会を保障するものでもあります。

III 訪問介護計画の手順

(1) 居宅サービス計画との連動

　訪問介護計画は、居宅サービス計画の内容に沿って作成しなければならないことが、運営基準第24条第2項にも定められています。
　居宅サービス計画は《目指すべき方向性》を示すものであり、訪問介護計画はそれを《具体的に実行していくための計画》を示すものであると言えます。より良いサービス提供のためには、この2つが連動し、介護支援専門員とサービス提供責任者、訪問介護員、そして利用者や家族など、チーム全員が、共通認識を持って取り組むことが基本となります。
　また、利用者の状態や環境の変化に応じ、訪問介護計画の見直しを利用者や家族、介護支援専門員と検討していかなければなりません。

(2) 利用者の合意

　目標達成に向けての援助内容を、利用者や家族と共に考え、作る過程が重要です。
　利用者に訪問介護計画を示し、決められた時間帯の中で何をするのかを話し合い、利用者自身や家族が援助の内容について合意することが、目標達成にはとても重要なこととなります。

(3) 身体介護中心型、生活援助中心型の区分の決定

　介護支援専門員が作成した居宅サービス計画の目標とサービス内容に、訪問介護計画のサービス区分、類型が合致していなければなりません。

　訪問介護計画には、利用者に提供するサービスの区分、類型（身体介護中心型・生活援助中心型）、その組み合わせが判断できるだけの内容が盛り込まれていることが必要となります。そのためには、サービス行為ごとの所要時間を把握し、サービス区分ごとのサービス量の見積もりが明確にされていなければなりません。

(4) 訪問介護計画の表記について

　訪問介護計画は、課題解決のために、訪問介護サービスがどのように利用者の生活を支えるかを、サービス提供責任者、利用者、家族がともに考え、計画として文書化したものです。

　そのため、全ての項目において利用者や家族、訪問介護員が理解しやすいように、わかりやすく記載されなければなりません。

(5) 説明・同意・交付

　訪問介護計画は、利用者に「援助の目標」、「目標達成のためのサービス内容」、「サービス提供における留意点」などを説明し、同意をいただかなければなりません。

　同意を得たら、利用者へ訪問介護計画を交付し、目標達成に向け訪問介護計画に沿ってサービス提供を行います。

(6) 評価

　訪問介護計画の目標達成状況を要介護認定の更新時や居宅サービス計画の変更時などに確認し、訪問介護サービスの評価を行います。

　その評価をもとに、援助目標や目標達成のために必要なサービスなどの見直しを行います。

　※訪問介護の所要時間は、実際の提供時間ではなく、標準的な時間を基準として居宅サービス計画が作成されます。標準時間と実際のサービスの提供時間が著しく乖離している場合には、提供時間に応じた計画の見直しが必要となります。サービス提供責任者は、提供時間を記録するとともに、介護支援専門員に連絡し、介護支援専門員は必要に応じた居宅サービス計画の見直しを行います。

訪問介護計画説明の様子

　※居宅介護支援事業者から、訪問介護計画の提供の求めがあった場合には、協力するように努めましょう。

訪問介護計画作成の流れ（2007年、2011年神奈川県介護保険指定事業者等指導講習会資料より一部改変）

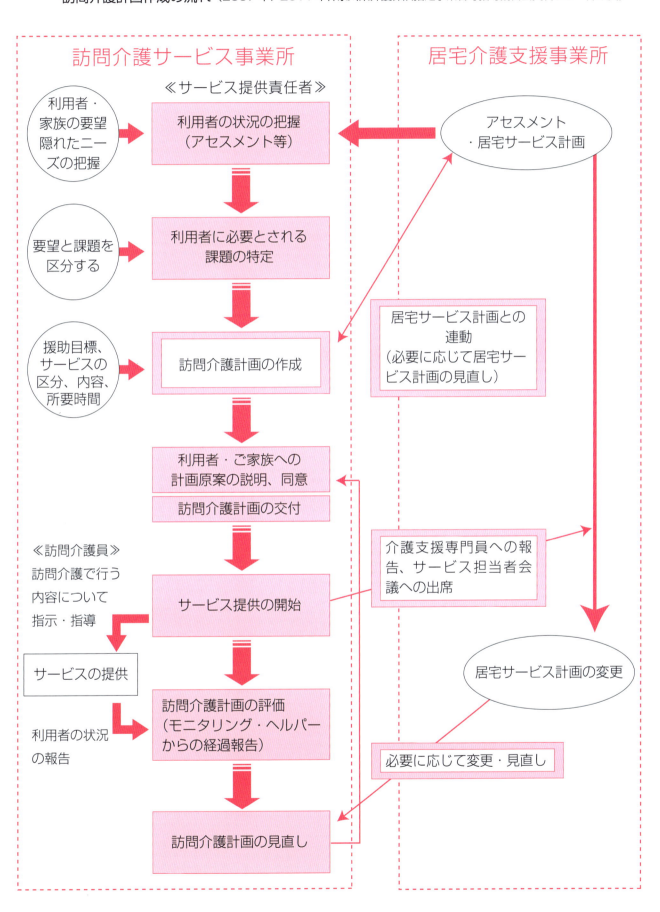

第1表

居宅サービス計画書（1）

作成年月日　平成30. 3. 15
初回・紹介・継続　　認定済・申請中

利用者氏名　田中 太郎　様　　生年月日　昭和12年3月15日　　住所　東京都千代田区〇〇町101-2

居宅サービス計画作成者氏名　〇〇〇〇子
居宅介護支援事業者・事業所名及び所在地　みなと福祉サービス　東京都千代田区大手町〇〇△△-△

居宅サービス計画作成（変更）日　平成30年 3月 15日　　初回居宅サービス計画作成日　平成26年 3月 8日

認定日　平成30年 3月15日　　認定の有効期間　平成30年 4月 1日～平成31年 3月 31日

要介護状態区分　　要介護1　・　要介護2　・　要介護3　・　要介護4　・　要介護5

利用者及び家族の生活に対する意向	ご本人：家族とずっとここで暮らしたいが、迷惑はかけたくないので、動けなくなったら施設も考える。少しでも長く歩けるようになり、旅行などにも行ってみたい。家族の役にたちたい。 ご家族：日中一人になるため、心配である。毎日誰かの目が入り、安否の確認ができるとよい。身の回りのことは自分でできるようになってほしい
介護認定審査会の意見及びサービスの種類の指定	特になし
総合的な援助の方針	下肢筋力の低下を防ぎ、できるだけ身体機能が維持できるようにしていきます。 転居により近くに友人がいない状況ですので、外出の機会を持ち社会交流が持てるようにして、生活が活性化するように援助します。 日常生活動作のできることが増えるように支援し、身辺が自立できるように支援します。 緊急連絡先：吉田 道子 様（長女）090-0000-0000
生活援助中心型の算定理由	1.一人暮らし　　2. 家族等が障害、疾病　　3. その他（　　　　　）

上記計画について説明を受け、同意し、交付を受けました。

平成30年 3月 22日　　　　　　　　　氏名　田中 太郎　㊞

第2表　　　　　　　居宅サービス計画書（2）　　　　　　作成年月日　平成30. 3. 15

利用者氏名　田中　太郎　様

生活全般の解決すべき課題（ニーズ）	援助目標				援助内容				
	長期目標	（期間）	短期目標	（期間）	サービス内容	※1	サービス種別	※2	頻度	期間

生活全般の解決すべき課題（ニーズ）	長期目標	（期間）	短期目標	（期間）	サービス内容	※1	サービス種別	※2	頻度	期間
病気がひどくならずに健康に暮らしたい	疾病の管理ができる	H30.4.1.～H31.3.31	定期的に受診できる	H30.4.1.～H30.9.30	①診察②通院介助③家族不在時の通院介助		医療①家族②④訪問介護②③④	○○病院長女・長男○○ケアサービス	月1回月1回適宜	H30.4.1.～H30.9.30
			服薬管理ができる		④服薬の声掛け・確認	○	通所介護④	○○苑		
自分でできることを増やし、家族に迷惑をかけずに生活したい	①介助なしに排泄ができる②介助なしで入浴ができる③食事作りの習慣がついている④1時間程度の外出ができる	H30.4.1.～H31.3.31	①介助を受けトイレで排泄ができる②介助を受け入浴ができる③自分で食材を選び、ヘルパーと一緒に昼食を作れる④介助により歩行に自信がつく	H30.4.1.～H30.9.30	①トイレ誘導・排泄一部介助②入浴介助（体調不良時は清拭・足浴）③自立生活支援　一緒に調理を行う　買い物同行④リハビリ（歩行訓練）	○○○○	家族①②通所リハ①②④訪問介護①②③	長女・長男○○苑デイケア○○ケアサービス	毎日週2回週3回	H30.4.1.～H30.9.30
外出して友達を作りたい	定期的な外出できさきと過ごせる	H30.4.1.～H31.3.31	通所サービスに慣れ、休まず行ける	H30.4.1.～H30.9.30	①レクリエーション②仲間づくり	○	通所リハ①②老人会②	○○苑デイケア四つ葉会	週2回月1回	H30.4.1.～H30.9.30
家族が不在時も安心して過ごしたい	家族不在時も安心して過ごせる	H30.4.1.～H31.3.31	緊急時の早期対応ができる	H30.4.1.～H30.9.30	緊急時の家族への連絡	○	訪問介護	○○ケアサービス	適宜	H30.4.1.～H30.9.30

Ⅳ 訪問介護計画書

訪問介護計画書（記入例）

氏　名	田中太郎様	生年月日	昭和12.3.15	要介護状態区分	要介護2
居宅介護支援事業所	みなと福祉サービス	担当介護支援専門員	○○○子		
提供期間	平成30年　4月1日～平成31年3月31日 （この訪問介護計画の実施期間を記入します）				
長期目標	① 入浴や排泄など身の回りのことが、自分でできるようになる ② 家事の経験を積むことで、自分の食べたい物を作ることができ、日常生活が意欲的に送れる ③ ○○商店街まで買い物に行けるようになる ④ 疾病の管理ができ、入院せず自宅での生活ができている （目標設定は具体的にしましょう）				
短期目標	① 入浴や排泄などを訪問介護員が介助することで、身の回りのことができるようになる ② 買い物や調理などを積極的に行えるようになる ③ 30分程度の買物ができる ④ 服薬管理や体調不良時の通院介助を訪問介護員が行うことで疾病の管理ができる				

援助内容				
	曜　日	月・水・金	時間帯	10：00～11：59
	排泄介助	安全確認－声かけ－移動介助－脱衣－排泄－後始末－着衣－清潔動作介助－移動－ヘルパーの清潔動作 ＊危険が無いように見守り、出来ない部分のみ介助します。		20分
	入浴介助	体調確認－声かけ－ヘルパーの身支度－安全確認－物品準備－移動介助－着脱介助－洗身洗髪介助－体を拭く－着衣－髪の乾燥－移動介助－気分の確認－水分補給－後始末－ヘルパーの清潔動作（体調不良時は、清拭・部分浴を行います。） ＊出来ない部分のみ介助します。		40分
	服薬管理	朝の服薬の確認－声かけ－水の準備－薬の準備－服薬の介助・確認－後始末 ＊朝の服薬を確認し、飲み忘れのある時のみ行います		適宜
	自立生活支援	《買物同行》体調の確認－購入物品の確認－外出準備－移動介助－買物介助－移動介助－購入物品の整理－清潔動作介助－ヘルパーの清潔動作 ＊危険が無いよう見守ります。必要に応じ手を添えて介助します ＊歩行不安定などで外出できないときは、調理介助に変更します		30分
		《調理介助》体調の確認－材料の準備－調理介助－後始末 ＊危険が無いよう見守り、出来ない部分のみ介助します。疲労の状態など、体調の確認をしながら行います		30分

（サービス提供の曜日・時間帯を記入します）
（所要時間を見積もります）
（活動手順がわかるようにします）
（居宅サービス計画に記載されているサービス内容はすべて盛り込みます）

	通院介助	家族への連絡―タクシーの手配―通院準備―乗降・移動介助―受診手続き―院内移動介助―乗降・移動介助―家族への報告 ＊体調不良時は、ご長女に連絡をし、指示を受け通院介助を行います。院内の通院介助は、介護保険対象外であるため、自費サービスで対応します。	適宜
長期目標評価	体調は安定されています。入浴や排泄時の衣類の着脱もほとんど自分で出来るようになっています。洗身や浴槽の出入りはまだ介助が必要と思われます。歩行も安定し、買い物同行時の疲労も軽くなっています。		
短期目標評価	訪問介護員の工夫で薬の飲み忘れはなくなっており、体調も落ち着いています。広告を見て食材選びをされるなど、積極性が感じられます。		
特記事項	緊急時の家族への連絡		

（前回の援助目標の達成状況を評価します。）

平成30年　3月　28日　　　　　　　　　　　　　　　　　お客様氏名
　　説明を受け同意し、交付を受けました。　　　　　　　　　田中　太郎　　㊞（田中）

　　　　　　　　　　　　　　　　　作成日：平成30年　3月26日　サービス提供責任者　鈴木　道子

（必ず同意を得て交付しなければなりません）

（作成者を記入します）

出典　財団法人介護労働安定センター「ホームヘルパー2級課程テキスト」2009年より一部改変

7. 訪問介護員の選定・管理

学習の手引き

ポイント
①訪問介護員の選定（マッチング）のながれを理解してください。
②訪問介護員の選定（マッチング）・管理のポイントを理解してください。

解　説

Ⅰ　訪問介護員の選定（マッチング）

1　はじめての利用者に対し訪問介護員を選定する場合

事前に利用者の希望曜日・時間帯、心身状況について、アセスメントや介護支援専門員からの情報等により、充分に把握しておきます。

（1）選定の原則

① <u>利用が週3回以上の場合</u>は、<u>複数の訪問介護員を選定するほうが望ましい</u>でしょう。

月曜日：Aヘルパー
水曜日：Bヘルパー
金曜日：Cヘルパー

利用者　──　マッチング　──　訪問介護員

（ア）訪問介護員が休んだとき、利用者を把握している他の曜日の訪問介護員が対応することで、利用者に安心感を与える。
（イ）複数の訪問介護員が関わることで、利用者を観察する視点に偏りがなくなる。また心身等の状態変化に気付きやすい。

② <u>利用者宅の近くに住む訪問介護員は、プライバシー保護の観点から避けたほうが望ましい</u>でしょう。

（2）訪問介護員選定の視点
① 曜日・時間帯
利用者の希望とヘルパーの勤務状況がマッチするか

②　交通経路・所要時間
　　無理や無駄なく通勤できる範囲内か
③　介護技術力
　　サービス提供内容を把握し、それに対応する技量や意欲があるか
④　活動歴
　　過去の活動状況を把握し、訪問介護員の人柄や性格がマッチするか

(3) 訪問介護員への依頼からサービス提供まで
①　利用者の住所（町名まで）、曜日・時間帯、通勤経路、心身状況、サービス内容を伝えます。

> ＜留意点＞
> 利用者名、番地等、個人情報に関することは、個人情報保護の観点から、訪問介護員が依頼を受諾するまでは伝えないこと。

②　訪問介護員が正式決定したら、利用者に連絡し、同行訪問の日時・サービス提供開始日を調整します。それと同時に、決定した訪問介護員にも、同行訪問の日時を伝えます。複数の訪問介護員を選定した場合は、同行訪問の日時を揃え、訪問介護員同士の顔合わせを行うなど、訪問介護員への支援に配慮します。

2　訪問介護員の交替により選定する場合

何らかの都合により訪問介護員を交替する場合にも、あらためて事前に利用者のニーズを再確認します。

選定の原則・視点等は概ね上記と同様ですが、交替理由に応じて、選定する訪問介護員を配慮する必要があります。

サービス提供責任者として、日頃から状況把握に努め、クレームやトラブルが生じたときは原因を究明し必要な対策を講じることが求められます。

> ＜配慮を要する事例＞
> ①　サービス提供方法や内容に関する利用者からのクレーム
> ②　利用者・家族とのトラブル
> ③　訪問介護員の逸脱行為

Ⅱ 訪問介護員の管理

1 訪問介護員が休む場合の対応手順（代替の訪問介護員選定）

① まず利用者に連絡し、予定の訪問介護員がお休みさせて頂きたい旨をお詫びし、臨時の訪問介護員が伺い、対応することを伝えます。

↓

② 他の曜日を担当している訪問介護員がいる場合は、その訪問介護員が対応できるかを最優先で確認し、不可能な場合は、過去に活動歴のある訪問介護員を探します。
訪問介護員が選定できないときは、サービス提供責任者自らが対応します。

↓

③ 代替の訪問介護員が決定したら、利用者へ連絡し、訪問介護員の名前、曜日と時間帯を伝えます。予定の訪問介護員が伺えないことを再度お詫びします。

＜留意点＞
① 訪問介護員から休みの申し出を受けたら、早めに利用者へ連絡し対応すること
② 必ず代わりの訪問介護員が伺うことを利用者へ伝えること

2 訪問介護員の交替基準（例）

(1) 訪問介護員の体調不良等
　① 訪問介護員が病気その他心身の不調のため利用者に迷惑をかける等、サービス提供に支障が出ると判断される場合
　② 担当する利用者のサービス内容に対応できる介護技術力に低下が見られる、あるいはより技術を要すると判断される場合
　③ 定期健康診断の結果、サービス提供に支障があると認められる場合

(2) 利用者からの交替希望
　① 利用者から指摘があったことについて、訪問介護員を指導してもそれが改善できない場合
　② 改善できても、その訪問介護員の継続について利用者の了解が得られない場合

(3) 訪問介護員からの交替希望
　訪問介護員からの不安や悩みを良く聴き、引き続き専門職としての自覚を持って活動できるよう指導や助言、支援を行ったが、これ以上の継続が不可能であると判断される場合

(4) 訪問介護員が業務上のルールを著しく逸脱した場合
　① 金銭に絡むトラブルを起こした場合
　② 宗教、政治活動を行った場合
　③ 法律で禁止されている行為を行った場合
　④ 商品売買等の勧誘を行った場合

(5) 定期的な交替

定期的に活動が適切に行われているかどうか検証し、利用者と訪問介護員との間に馴れ合い等が生じ、サービス提供に支障をきたしている場合

<留意点>
① 交替期間は、事業所内で基準（ルール）を定めておくのが望ましいでしょう。
基準はおおよその目安であり、必ず交替しなければいけないということではありません。

【参考資料】訪問介護員勤務表

平成30年4月　●●ケアセンター勤務予定表

		日	月	火	水	木	金	土
ヘルパーA	午前		10〜11 F利用者		休み		10〜11 F利用者	
	午後		13〜15 G利用者				13〜15 G利用者	
ヘルパーB	午前			9〜11 H利用者	10〜11 F利用者	9〜11 H利用者		
	午後				13〜15 G利用者			
ヘルパーC	午前			9〜11 O利用者		9〜11 O利用者		
	午後						14〜15 I利用者	
ヘルパーD	午前		10〜11 L利用者	10〜11 L利用者		10〜11 L利用者		
	午後		13〜15 M利用者	13〜15 M利用者		13〜15 M利用者		
ヘルパーE	午前						11〜12 J利用者	
	午後			16〜17 N利用者		16〜17 N利用者	14〜16 K利用者	

（水曜日 ヘルパーB欄）休みのため、AヘルパーからBヘルパーに交替

※効率的なマッチングのために

利用者ニーズの把握だけにとどまらず、訪問介護員の稼動状況をリスト化し、空き時間帯を常に把握しておけば、時間をかけずにマッチングすることができ、業務の効率化につながります。やみくもに探すのではなく、工夫することが大切です。

8. 同行訪問

学習の手引き

ポイント
① 同行訪問の必要性を理解しましょう。
② 同行訪問が、効率的で効果的なサービス提供につながることを知りましょう。
③ 同行訪問が、円滑に行えるようになりましょう。

解　説

I　同行訪問とは

　サービス提供責任者の責務として、基準第28条第3項第4号で、「訪問介護員等に対し、具体的な援助目標及び援助内容を指示することとともに、利用者の状況についての情報を伝達すること。」と定めています。

　指示・伝達の方法は、口頭から指示書や手順書等の文書によるものまで、いろいろな形が想定されます。その方法の一つとして同行訪問があります。同行訪問とは、サービス提供責任者が訪問介護員を実際の利用者宅へ同行し、具体的な指示・伝達をすることをいいます。

　運営基準には「指示・伝達をすること」とだけ書かれており、同行訪問の義務付けまではされていません。しかし、平成21年度介護報酬改定で、「新規に訪問介護計画を作成した利用者に対して、初回に実施した訪問介護と同月内に、サービス提供責任者が、自ら訪問介護を行う場合又は他の訪問介護員等が訪問介護を行う際に同行訪問した場合」に、初回加算を算定できる仕組みが創設されました。これは、質の高いサービスを評価したもので、より積極的に同行訪問を行うことで、サービスの質を高めることが求められていると言えます。

　この項目では、横浜市福祉サービス協会が実際に行ってきた同行訪問の実際を、一つの方法として示しました。これを参考にしていただき、より良い同行訪問のあり方を研究して下さることを期待します。

II　同行訪問の目的

　同行訪問をすることのメリットは、利用者宅での援助内容を実際の場面で詳細に指示することができると同時に、利用者等の生活状況を実際の生活場面で把握、理解することができることです。そのため、同行訪問は、訪問介護員が初めての利用者に対してサービス提供を開始する前に行います。また、援助内容が変更される場合も行うことが望ましいでしょう。

　具体的な援助内容や留意点について、利用者と訪問介護員の相互で確認し合うことで、その後の援助の齟齬を減らすことができるとともに、利用者も安心して援助を受けることができると考えられます。同行訪問は、手間がかかるように感じますが、結果的には効率的で効果的な援助につながります。円滑なサービス提供を展開していくためには、原則として同行訪問を行いましょう。

III 同行訪問の実際

1 同行訪問の準備
① 同行訪問は、サービス提供の開始日に行う場合と、サービス提供の開始日前に行う場合があります。
② 事前に利用者・家族等に連絡をして、訪問する日時を設定します。同時に、同行する訪問介護員に対し、設定した同行訪問日時を伝えます。
③ 訪問の前日に、利用者に同行訪問の再確認を行うと同時に、訪問介護員に対しては同行の時間・場所の再確認をします。
④ 家族等が同席を希望している場合、家族等にも忘れずに連絡しましょう。
⑤ 訪問介護員に利用者の具体的な援助目標や援助内容の指示を伝えるために、情報等を整理しておきます。<u>訪問介護サービス事業所内で独自の指示書や手順書等の書面があれば、用意して揃えておくとよいでしょう。</u>指示書や手順書等を示すことで、訪問介護員の交替や担当訪問介護員の休暇による代替の訪問介護員が、迷わずサービス提供を行うことができます。<u>訪問介護員の力量の違いで、サービス提供内容に不均衡が生じないよう、工夫しましょう。</u>

訪問介護員に渡すもの	・訪問介護計画 ・サービス提供内容を記載した指示書 ・サービス提供の手順書等

2 訪問介護サービス事業所から訪問介護員と同行する場合
　新たにサービス提供を開始する利用者の生活状況の説明や、具体的な活動内容の指示を事業所内で行います。事前に訪問介護員と打ち合わせを済ませ、利用者宅へ同行訪問します。
　利用者宅まで、道順を確認しながら訪問介護員を案内します。迷いやすい場所や、込み入った道路等の場合は、必要に応じて訪問介護員に利用者宅周辺の地図を渡してもよいでしょう。

3 利用者宅にて
① 利用者・家族等に挨拶し、訪問介護員を紹介します。
② 利用者の状況を聞き取り、情報を再確認します。
③ サービス内容とサービス提供範囲を確認します。
④ 訪問介護員がサービス提供後に記録をすることの了解を得ます。
　サービス提供後の記録は、記録票等を事業所で作成し、利用者に確認印を受けることが望ましいでしょう。(第2章「記録」を参照)
⑤ 記録票等の記入については、利用者・訪問介護員の双方に確認します。
　「こんなことまで書いて欲しくない。」あるいは「こういうことまで書いて欲しい。」という利用者等の希望がありますので、よく確認しましょう。
⑥ サービス提供の休止・変更の連絡方法について、取り決めをしておきます。
　訪問介護員の交替や、臨時代替の訪問介護員の派遣についても、確認しておきます。

利用者によっては、「担当者以外の訪問介護員なら、派遣はいりません。」とか「祝日は家族がいるので、派遣はいりません。」という場合があるからです。

同時に、利用者の緊急連絡先や緊急時の対応方法も確認しておきます。

同行訪問の様子（利用者宅にて）

4　同行訪問時のチェック表

基本情報	□ 訪問介護員の紹介（活動曜日・時間帯） □ 利用者の身体状況の把握（ADL・IADL・病歴・病状・通院状況・服薬状況・体調が悪くなった時の対処方法・緊急時対処法） □ 家族状況の把握（家族構成・協力者の有無・担当の訪問介護員が休む場合の連絡先・一日の生活パターン） □ 他のサービス利用の有無 　（通所系サービス・訪問系サービス（訪問入浴・訪問看護）の有無、フォーマル・インフォーマルの役割分担） □ 祝日のサービス提供の要否確認
サービス	□ サービス内容と訪問介護員のサービス提供の範囲の確認 　（手順・禁止事項の確認） 　⇒回数・時間・サービス内容に変更があった場合は、 　　① サービス提供責任者に連絡 　　② サービス提供責任者から介護支援専門員に連絡 □ サービス提供記録は、サービス提供終了後に訪問介護員が記入 　⇒利用者から確認印を受けることが望ましい □ サービス利用料金の支払い方法の説明 □ サービス提供終了時の確認事項 　（冷暖房やガスの元栓の対応・戸締り）
連絡	□ サービス提供中の緊急連絡先 □ 利用者の都合によるキャンセルをする場合の連絡先 □ 利用者不在時の連絡先 　（家族の勤務先・連絡可能な近隣住民や民生委員等の連絡先） □ 事業所の営業時間を利用者・家族等に案内

5　活動開始後の訪問介護員への支援

　同行訪問後、初回の活動を終えた訪問介護員には、業務の実施状況を確認しましょう。特に、支援が困難と思われるケースや、訪問介護員の資格を取得したばかりの新任訪問介護員には、うまくできなかったことや不安をよく聴き、専門職としての自覚が持てるように導くことが大切です。（第4章「訪問介護員へのスーパービジョン」参照）

9. モニタリング

> **学習の手引き**
>
> **ポイント**
> ①モニタリングの目的を理解しましょう。
> ②モニタリングが訪問介護計画に反映されることを知ってください。
> ③モニタリングをサービス提供の評価につなげましょう。

解説

I モニタリングとは

　サービス提供責任者の責務として、基準第24条第5項で、「サービス提供責任者は、訪問介護計画の作成後、当該訪問介護計画の<u>実施状況の把握</u>を行い、必要に応じて当該<u>訪問介護計画の変更</u>を行うものとする。」と定めています。

　指定居宅介護支援等の事業の人員及び運営に関する基準においても、「介護支援専門員は、居宅サービス計画の作成後、居宅サービス計画の実施状況の把握（利用者についての継続的なアセスメントを含む。）を行い、必要に応じて居宅サービス計画の変更、指定居宅サービス事業者等との連絡調整その他の便宜の提供を行うものとする。」と定め、これを「モニタリング」（Monitoring）と定義しています。

　第4章「ケアマネジメントと訪問介護」でも解説しているように、介護支援専門員のケアマネジメント過程と並行して、<u>サービス提供責任者も独自の立場から</u>、訪問介護計画のモニタリングを行うことが義務付けられているのです。

　訪問介護におけるモニタリングとは、「訪問介護計画が計画どおりに実行されているか、あるいは利用者や家族の生活が変化し、新たなニーズが発生していないかを確認すること。」といえます。

〈モニタリングのサイクル〉

①利用者の状況の把握（アセスメント）
⑤（再アセスメント）
→ ②生活全般の解決すべき課題（ニーズ）
③訪問介護計画の作成
→ ④訪問介護計画の評価（モニタリング）
→ （①へ戻る）

Ⅱ　モニタリングの目的

　初めて訪問介護計画を作成した時点では、利用者やその置かれている状況を充分に理解できているわけではありませんが、目の前の生活を支援しなければなりません。しかし、援助をしていく中で、利用者の思いや問題状況の原因や背景が見えてきます。利用者側でも、訪問介護について「思ったサービスと違う。」とか不満を持つなど、サービス提供前とは違う状況が出てきます。また、利用者や家族の状況は日々変化していきます。当初の訪問介護計画で問題の解決が図れない場合は、訪問介護計画を変更する必要が出てきます。

　このように、モニタリングの目的は、ニーズとサービスのミスマッチを早期に発見し、適切な訪問介護を提供することで、利用者の自立を支援していくことにあります。

Ⅲ　モニタリングの視点

　以上のモニタリングの目的を果たすために、次のような視点で確認していきます。

<モニタリングの視点>
① サービス提供責任者が作成した訪問介護計画どおりに、サービスが提供されていますか？
② 訪問介護計画のサービスの量や質が、適切に提供されていますか？
③ 訪問介護計画にある援助目標が達成されていますか？
　達成されていなければ、その原因を把握しましょう。
④ 援助方法が利用者や家族からの満足を得られていますか？
⑤ 新たに困っていることは見受けられませんか？
⑥ 初回のアセスメント後のADL（日常生活動作）・IADL（手段的日常生活動作）の把握ができていますか？
⑦ 病気について、新たに注目する変化はありませんか？
⑧ 訪問介護員や訪問介護サービス事業所に対する苦情・要望を聞いていますか？

Ⅳ　モニタリングの実際

1　モニタリングの頻度
（1）訪問介護

　　訪問介護計画の作成時点で、モニタリングの実施時期・方法・視点を考えておきます。特に、サービスを利用し始めたときは、サービスの利用で生活に大きな変化が起きているため、より頻回にモニタリングをすることが必要です。そのことで、その後の援助がスムーズになることが期待されます。

2 モニタリングの担い手

モニタリングは、訪問介護員やサービス提供責任者だけが担うのではなく、利用者や家族にも参加してもらいましょう。例えば、「健康状態や介護状況が変わったときや介護で困ったことが起きたときは、遠慮なく連絡して下さい。」などと伝えておくことで、利用者や家族は、サービスの受け手から主体的なサービス利用者へと変わっていくことが期待できます。

3 モニタリングの方法

（1）訪問介護員からの連絡（電話・記録）

訪問介護計画の作成時点で、モニタリングの実施時期・方法・視点を訪問介護員にあらかじめ伝えておきます。「こういう状況があったときは電話を下さい。」など、具体的な状況と方法を指示しておくことで、的確なモニタリングをすることができます。

（2）家庭訪問

サービス提供責任者には、介護支援専門員のように基準で訪問の頻度を定められているわけではありませんが、必要に応じてサービス提供責任者が利用者宅を訪問することで、事実に基づいた適切なモニタリングを行うことができます。

4 モニタリングの記録

モニタリング結果はケース記録等に残します。モニタリング結果を介護支援専門員に情報提供することで、利用者の状況を共有化します。訪問介護のモニタリングは、連続・継続していくことが大切になります。モニタリングの記録は、サービス提供責任者の感想を述べるものではありません。事実を具体的に記録することが必要です。要点を絞って記載しましょう。

モニタリングの様子

Ⅴ モニタリングの効果

① 訪問介護計画を変更するときの援助目標の共有化ができます。
② 問題点を見つけ出して原因を明らかにできます。
③ 新しいニーズを発見して、サービス提供内容の見直しや事業所の改善の機会となります。

【参考文献】
①介護支援専門員実務研修テキスト作成委員会　編集
「介護支援専門員実務研修テキスト」（三訂）　財団法人　長寿社会開発センター　2008年
②NPO法人神奈川県介護支援専門員協会
「介護支援専門員実践ハンドブック」中央法規出版　2007年

10. カンファレンス

学習の手引き

ポイント
①介護支援専門員が開催するサービス担当者会議とサービス提供責任者が開催するカンファレンスについて知りましょう。
②カンファレンスには問題解決型と情報共有型があることを知りましょう。
③カンファレンスの進め方を知りましょう。

解説

Ⅰ 介護支援専門員が開催するサービス担当者会議とカンファレンス

サービス提供責任者の責務として、運営基準第28条第3項第3号で「サービス担当者会議への出席等により、居宅介護支援事業者等と連携を図ること。」と定めています。一方で、基準では特に定めはありませんが、サービス提供責任者は、必要に応じて訪問介護員等を召集して、サービス担当者会議とは別にカンファレンスを開催する場合があります。

サービス担当者会議への参加については、第2章「サービス担当者会議への参加」を参照してください。

Ⅱ カンファレンスの種類

1 カンファレンスとは
事例の援助過程において、的確な援助を行うために援助に携わる者が集まり、討議する会議のこと

2 カンファレンスの目的
カンファレンスは、その目的別に次の2つの型に区分することができます。
① 問題解決型…利用者の抱えている問題解決を中心としたカンファレンス
② 情報共有型…利用者にかかわる関係者による、利用者・家族についての情報交換を中心としたカンファレンス

3 カンファレンスの必要な場合
（1）初期カンファレンス
サービス提供の開始に際し、統一したサービスを提供できるように、サービスの目標や具体的なサービス内容などの情報を共有します。
（2）支援が困難な場合のカンファレンス
利用者へのサービス提供が円滑に行われない場合に、利用者が抱えている問題や関わり方について、何が原因なのかを明確にして、解決策を検討します。

<支援が困難になる原因>
1　利用者の状況と、サービス提供の内容が合わなくなったことによる困難
　　⇒　サービスの内容に関する問題です。
　　利用者の状況の変化を見据えて、サービス提供事業者等が専門知識・技術を出しあって、解決を図ります。解決までに比較的時間を要します。
2　利用者側とサービス提供側の意識や価値観のズレからくる困難
　　⇒　人対人のサービスで起きやすい心理的な問題です。
　　利用者、サービス提供側の、価値観の違いや感情面での摩擦が発生して、サービス提供の継続が困難になる場合です。早急に問題の解決を図る必要があります。

〈カンファレンスの必要な場合〉
このような事態が生じたら、ケースカンファレンスを開催しましょう！

Ⅲ　カンファレンスの実際

1　参加者
　　参加者：サービス提供責任者・訪問介護員・その他必要な関係者
　　　　　　目的に沿った人員で構成することが大切です。
　　　　　　医療関係者や他のサービス事業所、地域関係者等、参加者を広げて検討する必要がある場合には、介護支援専門員によるサービス担当者会議に切り替える必要がある場合もあります。
　　役　割：司会者・記録者を決めておきます。
　　　　　　内容によっては、スーパーバイザーとなる管理者や助言者に参加してもらうとよいでしょう。

2 カンファレンス開催前の準備

(1) 検討資料

サービス提供責任者は、事前にカンファレンスで検討したい利用者の状況概要をまとめておきます。概要を記入する用紙は、A4サイズの用紙1枚程度にまとめるとよいでしょう。<u>個人情報保護の観点から、個人が特定できる氏名・住所等の記載は避けたほうがよいでしょう。</u>

＜利用者の概要項目＞　※すべてではなく、必要な項目を記載する

- ・サービス提供責任者氏名　・検討日
- ・利用者氏名（頭文字）　・性別　・年齢
- ・住所（番地不要）　・サービスの主たる理由　・サービス開始日
- ・紹介経路　・家族構成　・経済状況
- ・住宅状況　・日常生活（ADL・IADL）　・コミュニケーション
- ・生活歴　・心身の状況①（各種手帳）　・心身の状況②（疾病・担当医師）
- ・支援体制①（家族・親族）　・支援体制②（利用している介護保険サービス）
- ・支援体制③（地域の援助者）　・検討課題

---

(2) 訪問介護員等への事前調査

カンファレンス当日に、例えば「買い物の時Aさんは、いつもどのような物を買っているのですか？」等、検討課題にないことを突然聞かれると、訪問介護員も慌ててしまいます。参加者には、事前に検討課題を伝えておき、カンファレンス当日までに情報の整理をしておいてもらうことで、効率的で効果を上げるカンファレンスにすることができます。

3 カンファレンスの進め方

① 開会 …………参加者が集合し、定刻に開始します。
↓
② ケースの提示 …………ケースの簡単な概要と検討課題を提示します。
↓
③ ケースの共有化 …………ケースに関する情報の補足と、検討に必要な質問を受けます。
↓
④ 検討課題の明確化 ………情報を整理して、検討課題を明確化し、共有します。
↓
⑤ 検討 …………自由に発言できる雰囲気を作り、全員が発言できるように配慮します。少数意見や対峙する考え、意見も引き出します。そこから問題発生の状況が見えてきます。
今後の援助のあり方について、具体的に検討を進めます。
↓
⑥ まとめ …………これまでの検討内容を整理し、最終的なまとめをします。
↓
⑦ 閉会 …………全体にねぎらいの言葉をかけ、定刻時間に終了します。

※ カンファレンスの時間設定は、1時間から1時間 30 分程度がよいでしょう。
※ 情報を提供するときは、専門的な用語は避けましょう。
※ 意見が一人の発言に偏らないよう、司会は発言のバランスを考えながら進行しましょう。
※ 司会は、自分の意見・解決方法を話すのが目的でないことを意識しましょう。
※ 非難や批判をしないことがルールです。
※ 正解を求めるのではなく、最良の方法という結論で合意するように全員で認識しましょう。

Ⅳ カンファレンスを開催しましょう

　カンファレンスの方法や基本ルールを学んだら、とりあえず開催してみることが大切です。カンファレンスに正解はありません。積み重ねることが、支援が困難なケースの課題解決に結びつくと同時に、カンファレンスの習熟につながります。

【参考文献】
　① NPO 法人神奈川県介護支援専門員協会「介護支援専門員実践ハンドブック」
　　　　　　　　　　　　　　　　　　　　　　　　　　　　　　中央法規出版　2007 年
　②岩間伸之
　「援助を深める事例研究の方法 ―対人援助のためのケースカンファレンス―」
　　　　　　　　　　　　　　　　　　　　　　　　　　　　　　ミネルヴァ書房　2005 年

11. 記録

学習の手引き

ポイント
① 記録の意義と目的を理解しましょう。
② 記録の書き方を習得しましょう。

解説

Ⅰ 記録とは

1 定義

記録とは、利用者に関わる支援メンバーが、情報を共有する手段の一つとなります。支援メンバーが交替しても、援助方針やサービスの経過などが把握でき、サービスの継続性を維持するためにとても重要なものとなります。そのため、誰が見てもわかるように書くことが必要です。また、記録は公式なものであり、情報の開示などでは利用者や家族などが目にすることもあるため、読み手を意識して書くことも必要となります。

介護保険法でも、提供した具体的なサービス内容等の記録を残さなければならないと、基準第19条に示しています。また、それらの記録は、基準第39条第2項の規定で、2年間保存することが義務付けられています。

2 記録の種類

<記録の種類>
(1) 利用者に関するもの……………………… アセスメントシート・フェイスシート
(2) サービス提供に関するもの…………… 訪問介護計画・サービス提供記録・経過記録
(3) 事故に関するもの……………………… 事故報告書
(4) 苦情に関するもの……………………… 苦情報告書
(5) 請求に関するもの……………………… 請求書
上記の他に、訪問介護サービス事業者独自で定める記録様式もあります。

Ⅱ 記録の目的・意義

1. 記録することで、利用者の理解を深めると共に、新たなニーズを発見できる資料となります。
2. 訪問介護計画に問題がないかなど、評価の資料となります。
3. ケアの一貫性や継続性が保証できます。
4. 事故の再発防止に役立ちます。
5. 自らの業務を振り返り、業務のマンネリ化防止に役立ちます。
6. ケアの対応が難しい利用者への対応方法の検証と、適切な支援方法の確立に役立ちます。

7. <u>法令を遵守</u>し、適切な業務を行っている証拠になります。
8. 理不尽な要求や根拠のない苦情を受けた際には、<u>自らを守る材料</u>にもなります。

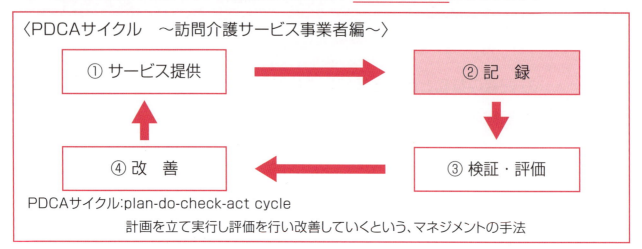

III 記録作成の基本

<前提>
　記録は、その目的に応じて必要な項目、内容を盛り込んで記入しましょう。

1. <u>誰が読んでも理解できる</u>ように書きましょう。
　書いた本人にしか理解できないものは、「記録」とはいえません。
2. まず<u>趣旨</u>を書き、次に<u>事実（経過・状況・理由等）</u>を書きましょう。
3. <u>事実（主観的事実・客観的事実）</u>と<u>サービス提供責任者の考え（判断）や援助</u>が混在しないよう、分けて記録しましょう。
　　・主観的事実：利用者が頭痛がすると言った。
　　・客観的事実：検温したら、37度2分であった。
　　・判断：風邪かもしれないと考え、家族に連絡を入れた。
　　・援助：家族から通院介助を依頼され、時間延長して通院介助をした。
4. 特に、苦情や事故の記録では、5W2Hで記録することが有効です。
5. だらだらとした記録は、読み手に負担を与え、結局は活用されない記録になってしまいます。箇条書きや図表の利用、「5行以内に」というように、記録や項目ごとにルールを決めるのも良いでしょう。
6. また、断定的な表現は、利用者像が一人歩きする恐れがあります。
　その場合は、<u>事実を具体的</u>に記録するようにします。
　例）「入浴拒否」⇒「今日は寒いので、お風呂に入りたくないと言った。」
　　　「暴力行為」⇒「今はトイレに行きたくないと言って、手を振り払った。」
7. 正確に書くために、時間をおかず、<u>時系列</u>で途中経過を抜かすことなく記録しましょう。
8. 記述のスタイルは、<u>「である」調を基本</u>とし、<u>事実をありのままに書く</u>ようにしましょう。
　失敗やうまくいかなかったことも、包み隠さずに記録しましょう。

【参考資料】　久田　則夫「記録が変われば職場が変わる～現状打破の記録術～」 2008年

Ⅳ 記録の記入例

1 ケース記録

年 月 日	記　事
○年○月○日 ○：○	<u>＜例1＞Y病院入院の経過について</u>　←　趣旨 ○○ヘルパーより連絡。利用者が頭痛と吐き気を訴え、病院に行きたいと言っている。歩くことは困難な様子である。 ヘルパーに救急車を呼ぶよう指示、サービス提供責任者○○から長男へ連絡。 　　　　　　　　　　　　　　　　　　　　　　　　　記録者：△△
○：○	<u>入院後の経過について</u> 長男の妻へ連絡、状況を聞く。 ＣＴの結果軽い脳梗塞が見つかり、右手にも痺れが残っている。しかし、リハビリで痺れは消失の可能性あり、明日からリハビリを開始予定。 　　　　　　　　　　　　　　　　　　　　　　　　　記録者：△△
○年○月○日 ○：○	＜例2＞　利用者より、ヘルパーのサービス時間が不足して困っているとの相談あり。 サービス提供責任者が訪問し状況確認したところ、室内はきれいに片付き食品もそろっている。その状況から、利用者の不安は精神面など他の部分から生じるものと考えられ、今、訪問介護を追加することが適切とは限らないと判断した。 C介護支援専門員に上記を報告、今後の対応を相談。　記録者：△△

2　サービス提供記録

サービス提供記録票

利用者氏名　田中　太郎　様　　　　　　　　　　　　　　　　　　　　担当者名：鈴木　花子

日　付	活動時間	活動種別	活動内容	利用者の状況など	訪問介護員氏名
3／2 （月）	10：00 〜 11：59	身体介護 （120分）	入浴介助 排泄介助 自立生活支援 ・トン汁を作る ・大根と揚げの煮物 ・ポテトサラダ 　一緒に作る	風邪も完治し笑顔があり元気な様子。朝食も残さず食べたとのこと。ふらつきも無く歩行は安定。しかし、買い物に出る自信がないとのこと。今週末にご長男が来ることを楽しみにしている。	佐藤　正子
		生活援助 （　　分）			利用者確認印 ㊞田中
3／4 （水）	10：00 〜 11：59	身体介護 （120分）	排泄介助 自立生活支援 ・買物同行 ・マーボー豆腐他を一緒に作る 入浴介助	「調理は面白い」との発言があった。自分からマーボー豆腐を作ってみたいと言われ意欲的。最近は、味噌汁は自分で作っている。買い物に行って気分転換になったとのこと。	森　芳子
		生活援助 （　　分）			利用者確認印 ㊞田中
3／7 （土）	10：00 〜 11：59	身体介護 （120分）	排泄介助 自立生活支援 ・昼食の肉じゃが他を一緒に作る ・買物同行 入浴介助	昨夜トイレに行く際つまずいたが、転倒はしなかったとのこと。買い物同行時の歩行は、安定していた。	佐藤　正子
		生活援助 （　　分）			利用者確認印 ㊞田中
／	： 〜 ：	身体介護 （　　分）			
		生活援助 （　　分）			利用者確認印
／	： 〜 ：	身体介護 （　　分）			
		生活援助 （　　分）			利用者確認印

出典　財団法人介護労働安定センター「ホームヘルパー2級課程テキスト」2009年より一部改変

3 事故発生記録

事 故 報 告 書

訪問介護員氏名　　佐藤　正子　㊞

記入日　　　平成30年4月13日（金）

1．該当する事実の概要
　　（1）発生日時　　平成30年4月12日（木）
　　（2）発生場所　　田中太郎様宅
　　（3）内容（具体的に）
　　　　田中様と調理後の片付けで、私が拭いたお皿を田中様に収納していただいていました。私が田中様にお皿を手渡す際に手を滑らせ、落として割ってしまいました。幸い田中様の足には当たらず、怪我はありませんでした。

> 事故報告などは、再発防止のため、なるべく早く記録

2．事実の発生後の対応方法
　　　　すぐに謝罪し、割れた皿を片付けました。掃除機をかけ、拭き掃除をし、欠片が残っていないことを確認し、サービス提供責任者の鈴木さんに報告しました。ご長男宛に連絡帳へ謝罪の言葉を記録してきました。

3．今後の対策や努力目標等
　　　　終了間際で気持ちが焦っていたのかもしれません。業務中は、落ち着いて業務に当たるよう努めたいと思います。
　　　　今後は、食器の手渡しはせず、拭いた物は一旦テーブルに置くようにし、事故を予測して業務にあたります。

> 具体的な再発防止対策を立てましょう。

事業所対応等：
　　佐藤ヘルパーより連絡を受け、すぐ田中様宅に謝罪に伺った。事業所の保険の対応も可能であることを伝えたが、不要とのこと。佐藤ヘルパーには、物品の取り扱いは慎重に行うことや利用者の安全を考えて手渡しはしないように指導した。

受理日：平成30年　4月　13日

担　当：　鈴木　花子　㊞

4　利用者基本情報

フェイスシート

記入日：30年　3月　13日
記入者：　佐藤　道子

氏名	田中　太郎　様			ⓜ・女　M・T・Ⓢ 12年 3月13日生 81歳	
住所	東京都千代田区○○町101-2			TEL	被保険者NO
				FAX	0000000
認定情報		要介護1　㊲要介護2　要介護3　要介護4　要介護5			
居宅介護支援事業所	○○居宅介護センター		介護支援専門員氏名	○○○子	TEL 000-0000
					FAX 000-0000
地域包括支援センター	○○地域ケアプラザ 包括支援センター		担当者氏名	相談員　△△○子 保健師　□□○子	

緊急連絡先	氏名	続柄	TEL	家族構成	主介護者：長女
	吉田　道子	長女	090-000-0000		
	(株)○○	長女勤務先	000-0000		
	田中　一男	長男	080-000-0000		
主治医	○○病院 ○○先生		000-0000		
その他の医療機関	○○整形 リハビリテーション科		000-0000		

身体状況	既往症	服薬状況
・軽度の右片麻痺あり ・歩行は日や時間帯により不安定 　特に朝、深夜など起床時が不安定なことが多い ・屋外杖歩行 ・室内伝い歩き ・眼鏡使用。細かい字は見にくい ・聴力の低下あり 　特にTELはゆっくりはっきり伝える ・腰痛あり	・脳梗塞 ・前立腺肥大 ・狭心症 ・腰痛 ・白内障	メチコバール　　3回/日 アリナミンF25mg　3回/日 ペルジピン　40mg　朝・夕 メリスロン　　3回/日 バイアスピリン　　朝 セファドール　　朝 ハルナールD

特記事項	家族関係は良好。 長女は、平日パート勤務のため8：30～16：00不在。日中独居。 人見知りがあり、新しい職員になじむのは時間がかかる。 がんばり過ぎるため、疲労の状態など注意が必要。 喫煙あり、タバコの火の始末に注意が必要。 隣の○○さんに鍵を預けている。

12. 介護報酬の請求・利用料金

学習の手引き

ポイント
① 介護報酬請求のながれ・仕組みを理解してください。
② 訪問介護サービスの単位・単価を知ってください。

解　説

Ⅰ 介護報酬の請求

1 介護報酬とは

　訪問介護サービス事業者が利用者にサービスを提供した場合に<u>「その対価として支払われる」報酬</u>をいい、サービス種類・内容ごとに基準で定める「単位数」に「地域区分単価」を乗じ、それに原則90％の給付率を乗じた額（1円未満切り捨て）が介護報酬額（＝保険給付額）となり、残る10％が利用者負担額となります。

　※利用者負担については、第1号被保険者で一定以上の所得のある人は、所得に応じて2割負担もしくは3割負担となっています（3割負担は、平成30年8月から）。

　居宅サービスにおいては、サービスの種類ごとに、サービス内容や地域に応じて報酬額が異なります。

＜介護報酬算定の仕組み＞

| 基準に定める
サービス単位数 | × | 地域区分単価 | × | 0.9
（又は0.8
あるいは0.7） |

(1) 基準に定めるサービス単位数

　原則として、「<u>基本算定項目</u>（要介護度やサービス提供時間に応じて定められた部分）」と「<u>加算項目</u>（実施状況等に応じて定められた部分）」として設定されています。

(2) 地域区分単価

　1単位の単価は、10円を基本として、<u>地域ごと</u>・<u>サービス種類ごと</u>に人件費の地域差を上乗せして算定されます。

　訪問介護の場合、人件費割合は70％と基準で定められており、これに基づき地域ごとの地域区分単価は下表のとおりとなります。

	1級地	2級地	3級地	4級地	5級地	6級地	7級地	その他
上乗せ割合	20％	16％	15％	12％	10％	6％	3％	0％
地域区分単価	11.40円	11.12円	11.05円	10.84円	10.70円	10.42円	10.21円	10円

(3) 区分支給限度基準額

　介護保険では、要支援・要介護度に応じ、1ヶ月あたりの限度額が以下のとおり定められており、その範囲内で介護報酬が支払われます。この限度額を「区分支給限度基準額」といい、これを超えてサービスを利用したとき、超えた分の費用については全額利用者負担となります。

＜要介護度別　区分支給限度基準額＞

要介護度	1ヶ月あたりの限度額
要支援1	5,003 単位
要支援2	10,473 単位
要介護1	16,692 単位
要介護2	19,616 単位
要介護3	26,931 単位
要介護4	30,806 単位
要介護5	36,065 単位

2　介護サービスの単位数・単価

(1) 訪問介護

　平成30年4月の改正で自立支援・重度化防止に資する訪問介護を推進・評価する観点から、訪問介護事業所の経営実態を踏まえた上で、身体介護に重点を置くなど、身体介護・生活援助の報酬にメリハリが付けられています。

項　目	内　容	単位数（回）
身体介護	20分未満	165 単位
	20分以上30分未満	248 単位
	30分以上1時間未満	394 単位
	1時間以上	575単位に所要時間1時間から計算して30分増すごとに＋83単位
生活援助	20分以上45分未満	181 単位
	45分以上	223 単位
身体介護に引き続き生活援助を行った場合	20分以上	66 単位
	45分以上	132 単位
	70分以上	198 単位
通院等乗降介助	1回につき	98 単位
加算・減算	2人の訪問介護員による場合	×200/100
	夜間または早朝の場合	＋25/100
	深夜の場合	＋50/100
	特定事業所加算（Ⅰ）	＋20/100
	特定事業所加算（Ⅱ）特定事業所加算（Ⅲ）	＋10/100
	特定事業所加算（Ⅳ）	＋5/100
	特別地域訪問介護加算	＋15/100
	中山間地域等における小規模事業所加算	＋10/100
	中山間地域等居住者へのサービス提供加算	＋5/100
	初回加算	1月につき　＋200単位
	緊急時訪問介護加算	1回につき　＋100単位
	生活機能向上連携加算（Ⅰ）	1月につき　＋100単位
	生活機能向上連携加算（Ⅱ）	1月につき　＋200単位
	介護職員処遇改善加算（Ⅰ）	1月につき　＋所定単位×137/1000

介護職員処遇改善加算（Ⅱ）	1月につき ＋所定単位 ×100/1000
介護職員処遇改善加算（Ⅲ）	1月につき ＋所定単位 ×55/1000
介護職員処遇改善加算（Ⅳ）	1月につき（Ⅲ）の90/100
介護職員処遇改善加算（Ⅴ）	1月につき（Ⅲ）の80/100
訪問介護員2級課程修了者（平成25年4月以降は介護職員初任者研修修了者）のサービス提供責任者配置減算　※平成31年度以降は廃止	所定単位数の70% 平成31年3月31日まで一定の条件に該当する事業所は、減算を適用しない。
（共生型訪問介護）指定居宅介護事業所で障害者居宅介護従業者基礎研修課程修了者等により行われる場合	×70/100
（共生型訪問介護）指定居宅介護事業所で重度訪問介護従業者養成研修修了者により行われる場合	×93/100
（共生型訪問介護）指定重度訪問介護事業所が行う場合	×93/100
事業所と同一建物の利用者又はこれ以外の同一建物の利用者20人以上にサービスを行う場合	×90/100
事業所と同一建物の利用者50人以上にサービスを行う場合	×85/100

請求業務（請求内容チェック）の様子

3　サービスコード

　基準で定める単位数は、サービス種類・内容ごとにすべて「サービスコード」で管理されており、サービスコードが介護報酬請求の際、キーとなります。

　サービスコード（平成30年4月施行版）では、訪問介護は約2,500件で、全サービスで約26,000件あります。一定の規則性があり、6桁の数字で表しています。

　サービスコードの見方としては、以下の例のとおりです。

＜例＞「訪問介護・身体介護1（20分以上30分未満）」
　　　サービスコード：〔 11　1　1　1　1 〕
　　　　　　　　　　　 ↓　↓ ↓ ↓ ↓
　　　桁数：　1・2　3　4　5　6

桁数	内　容	上記サービスコードの場合
1.2桁	サービス種類を表示	11　訪問介護
3桁	類型を表示	1　身体介護
4桁	提供時間数を表示	1　20分以上30分未満
5桁	派遣人数を表示	1　1名派遣
6桁	時間帯を表示	1　日中

※サービスコードは、介護報酬改定が行われる際に、変更になることがありますので、厚生労働省から提示される「介護給付費単位数等サービスコード表」を参照し、変更を確認しましょう。

4　介護報酬請求とは

　訪問介護サービス事業者は、利用者から介護に要した費用のうち利用者負担額を除いた額について、サービス提供月ごとに「介護給付費請求書」と「介護給付費明細書」を作成し、事業所所在地の国保連へ請求します。

　請求は伝送・磁気媒体・紙媒体のいずれかにより、サービス提供月の翌月10日までに行います。（伝送での受付は、原則として休日・夜間も可能）

　請求を受けた国保連は、受付処理を経て請求内容を審査し、請求内容に不備・問題があるものを除き、サービス提供月の翌々月25日に訪問介護サービス事業者へ介護報酬を振込にて支払います。

　なお、翌月10日までに請求できなかった分については、翌々月以降に請求（月遅れ請求）することができますが、その期間は最長2年間(※)までとなります。

（※）サービス提供月の翌々々月の1日を起算日とした2年間
　　　例：平成30年4月提供分⇒平成32年6月まで請求可

＜国保連とは・・＞

「国民健康保険団体連合会」の略称
都道府県ごとに設置された介護保険の審査支払業務実施機関

伝送イメージ　　　国保連　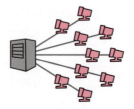　訪問介護サービス事業者

Ⅱ 請求のながれ

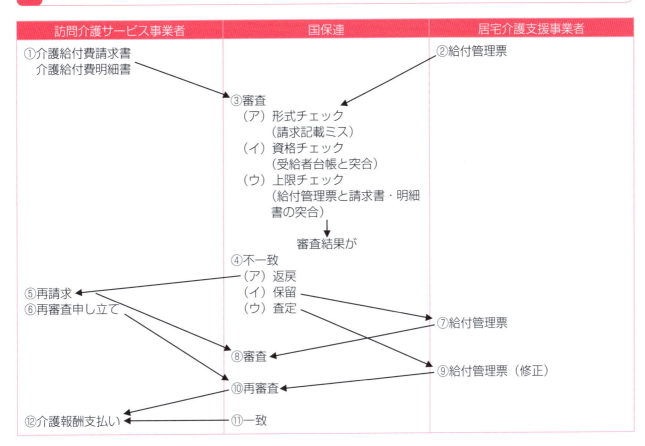

Ⅲ 返戻・保留・査定・過誤申し立て

(1) 返戻とは

　審査の結果、請求内容に不備があったとき、介護報酬が支払われず請求書・明細書が差し戻されることをいいます。

　返戻を受けた場合は、請求書・明細書を修正して再請求を行います。

(2) 保留とは

　審査の結果、給付管理票が提出されていない、または給付管理票が返戻になっている場合に、2ヶ月間国保連で請求を預かることをいいます。

　保留の場合は、居宅介護支援事業者へ給付管理票の提出を依頼します。

(3) 査定とは

　審査の結果、減点（減額）されて戻ってくることをいいます。

　査定を受けた場合は、内容に応じ再請求または再審査申し立てを行います。

(4) 過誤申し立て

　審査を通った請求を、内容の誤り等により取り下げることをいいます。

　過誤申し立ては、保険者に対し行い、申し立て後に請求書・明細書を修正して再請求を行います。

Ⅳ 返戻・査定のポイント

	返　戻	査　定
請求書	・サービス実施年月の不整合 ・事業所番号、保険者番号の有効性 ・要介護状態区分の有効性 ・認定有効期間の有効性 ・請求単位数の照合　等	・請求単位数の照合等
給付管理票	介護給付費請求書・明細書と同一月、同一受給者の給付管理票があるか	・介護給付費請求書・明細書と同一月、同一事業所のサービス種類があるか ・介護給付費請求書・明細書のサービス種類ごとの合計請求単位数が給付管理票の計画単位数以下であるか

＜留意点＞
① **介護報酬請求とは…**
　収入に直結する、介護サービス事業者にとってとても重要で不可欠なものです。請求は返戻・査定にならないよう、正確かつ確実に行いましょう。
② **請求業務に取り組む姿勢**
　複雑な事務処理であることから、苦手意識を持つサービス提供責任者もいますが、まずは全体像をつかみ、請求の仕組みを理解しましょう。

Ⅴ 主な利用者負担軽減・助成制度等

1　生活保護法の介護扶助
　生活保護法による被保護世帯の利用者については、利用者負担について、介護扶助として給付されます。

2　災害等の特別な事情によるもの
　災害等の特別な事情により利用者負担が一時的に困難な利用者については、市町村が利用者負担を減額または免除します。

3　高額介護サービス費
　所得区分に応じ、1ヶ月に支払った利用者負担の合計額が一定の上限を超えたときは、超えた分が市町村から払い戻されます。

4　社会福祉法人等の低所得者負担軽減
　社会福祉法人または市町村が経営する社会福祉事業体は、その社会的役割の一環として、市町村が生計困難と認めた低所得の利用者に対し、利用者負担を軽減します。

5　原爆被爆者の訪問介護利用者負担助成
　低所得かつ被爆者手帳を有する利用者については、利用者負担を助成します。

6　中国残留邦人支援給付制度

「中国残留邦人等の円滑な帰国の促進及び永住帰国後の自立の支援に関する法律」の一部改正（平成19年12月）により、平成20年4月より生活支援給付を受けている利用者については、利用者負担が軽減されています。（※詳細は市町村に確認して下さい。）

7　介護保険サービスの医療費控除

医療系のサービス（訪問看護等）と、訪問介護のうち身体介護または通院等乗降介助を併用して利用している場合は、医療費控除の対象として認められます。

8　低所得障害者のための負担減免

65歳にいたるまで相当の長期にわたり障害福祉サービスを利用してきた低所得の障害者に対し、その人が引き続き障害福祉サービスに相当する介護保険サービスを利用する場合に、介護保険サービスの利用者負担を償還払いによって軽減できます。

【参考文献】　社会保険研究所　「介護報酬の解釈・単位数表編」2006年版

13. 報告・連絡・相談

学習の手引き

ポイント
①報告・連絡・相談の重要性を理解しましょう。
②サービス提供責任者として、報告・連絡・相談の活用方法を知りましょう。
③日常業務の中で、報告・連絡・相談を的確に行えるようにしましょう。

解説

Ⅰ 業務上の報告・連絡・相談

業務を円滑に行うために欠かせないものが「報告・連絡・相談」です。略して「ホウレンソウ」と呼ばれています。

サービス提供責任者としての業務は、あらゆる人たちとのつながりの中で関係・協働体制を築き上げています。このつながりや情報の流れを円滑にするためには、お互いが事前に「相談」し、進捗状況や経過について「連絡」し、業務が完了したら「報告」するという"流れ"が大切です。

事業所内の上司・同僚・後輩はもとより、関係機関についても同様です。

Ⅱ 報告

業務は「依頼・指示・命令」によって開始され、それを実施し報告して初めて完了します。報告を受ける側にとっても、完了からまた新たに業務が開始することもあるため、報告は欠かせません。

① 業務終了後または完了後は、ただちに報告します。
② 口頭の報告にするか、文書の報告にするかを選択します。
③ 長期間かかる業務の場合は、中間報告をします。
④ 苦情や事故等は、ただちに報告しましょう。

Ⅲ 連絡

連絡は、訪問介護サービス事業所と関係機関の業務を結びつけることや、他者の業務を援助するためにも必要な手段です。連絡は直接関係するところだけではなく、必要に応じて直接関係しないところであっても、行わなければならない場合があります。

① 連絡は、どの順序で誰にするのかを決めておきましょう。
② 口頭か文書か、連絡方法を決めておきます。
③ 相手側に必要性が高いと思われるものは、ただちに連絡します。
④ 第三者を介して連絡を入れるときは、事実が間違いなく正確に伝わるように、伝達方法に注意しましょう。

Ⅳ 相談

　業務の方法がわからないとき、どちらにしたら良いか判断に迷うとき、情報が必要なとき、他者に助言や指導を仰ぐことを相談といいます。相談するときは、あらかじめ自分の考えをまとめておきます。

① 相談する内容を、整理しておきます。
② 相談する相手を誰にするか、決めておきます。
③ 情報を得たいのか、意見を必要としているのか、決定・選択の判断が欲しいのか、相談する目的を明らかにしておきます。
④ 相談内容を記録に残して、必要な時に定期的に相談をしましょう。
⑤ 相談した事柄は、必ず結果を報告しましょう。

業務を円滑に行うために欠かせないものが「報告・連絡・相談」です

V 報・連・相の自己チェックをしてみましょう。

実際に自己チェックを行ってみて、自分がどの程度「ホウレンソウ」を実践できているかを確認してみましょう。

＜チェックシート＞

	チェック項目	チェック欄
報告	指示されたことは、必ず報告しています。	
	報告は、結論・経過・私見の順で述べています。	
	報告するときは、事実と意見を区別しています。	
	悪い事柄のものほど、ただちに報告しています。	
	タイミングをみて、中間報告をしています。	
連絡	連絡は、5W2H（※）で伝えられるようにしています。	
	伝えたつもりにならず、確認をするようにしています。	
	相手の立場になって、連絡の必要性を考えています。	
	集めた情報は、連絡をすることで活用しています。	
	重要な事柄は、文書で連絡をしています。	
相談	疑問は、上司・先輩・関係者に相談しています。	
	自分の意見は、まとめてから相談するようにしています	
	常にオープンな気持ちで、相談するようにしています。	
	質問や相談には、適切に対応しています。	
	相手の気持ちを受け止めて、相談に応じています。	

※ 5W2H
When…いつ、いつまで　　　Where…どこで　　　Who…誰が、誰に
What…何を、何が　　　　　Why…なぜ
How…どのように　　　　　How Much…どの程度、いくらで

サービス提供責任者は、日常の業務のなかで様々な状況に遭遇します。事業所内・外で適切に対応していかなければなりません。報告・連絡・相談というコミュニケーションを積極的にとることが大切です。その際には、必ず「報告・連絡・相談」した日付と時間を記録に残すようにしましょう。

【参考文献】全国社会福祉協議会「改訂福祉職員研修テキスト基礎編」2004年

「地域の自主性及び自立性を高めるための改革の推進を図るための関係法律の整備に関する法律」（平成23年法律第37号及び平成23年法律第105号）及び「介護サービスの基盤強化のための介護保険法等の一部を改正する法律」（平成23年法律第72号）の施行により介護保険法（平成9年法律第123号）が改正され、これまで厚生労働省令で規定していた事業所や施設の人員、設備、運営に関する基準等について、都道府県条例で定めることになりました。

当テキストでは、厚生労働省令の内容に基づいて記載をしております。業務の実施に当たっては、一部内容に変更が生じている可能性がありますので、条例内容を改めて確認していただきますようお願いいたします。

第3章　リスク管理

1. 感染症対策（p112）

2. 緊急時対応（p119）

3. 苦情対応（p122）

4. 事故対応・リスクマネジメント（p127）

5. 個人情報の取扱い（p132）

6. 災害対応（p138）

第3章　リスク管理

1. 感染症対策

学習の手引き

ポイント
①感染症対策の基礎知識について学びます。
②身体介護における感染症対策について学びます。
③感染症発生時の対応を習得しましょう。

解　説

I　感染対策の基礎知識

1　感染症の基礎知識

感染症とは、ウィルスや細菌などの病原体によって引き起こされる病気のことを言います。
高齢者は抵抗力が低下しているため、感染しやすい状態にあります。訪問介護サービス事業者及びサービス提供責任者は、感染症一般に関する基本知識を身につけ、あらかじめ対応策を検討しておく必要があります。

(1) 利用者、訪問介護員にも感染が起こり、媒介となる感染症
集団感染を起こす可能性がある感染症で、インフルエンザ、結核、ノロウィルス感染症、腸管出血性大腸菌感染症、ノルウェー疥癬（痂皮型疥癬とも言われる）、肺炎球菌感染症（肺炎、気管支炎）、レジオネラ症（媒介はしない）などがあります。

(2) 健康な人に感染することは少ないが、抵抗力の弱った人が発症する感染症
MRSA感染症、緑膿菌感染症などがあります。

(3) 血液、体液を介して感染する感染症
集団感染に発展する可能性が少ない感染症で、肝炎（B型、C型）、AIDSなどがあります。

2　感染症対策の基礎知識

感染症に感染するには3つの要素が必要ですので、それを排除する対策が必要です。
① 感染源　　→　感染源の排除
② 感染ルート　→　感染ルートの遮断
③ 感染を受けやすい人（感受性のある宿主）　→　宿主の抵抗力の向上

(1) 感染源

感染した結果、潜伏期間を経て、咳やくしゃみ、発熱、下痢といった症状が起こると発症です。感染しても症状が現れない人や、抵抗力が低下したときに発症することもあり、気がつかないうちに感染源になることがあります。
次のものは感染源となる可能性があるので、取り扱いには十分な注意が必要です。

① 嘔吐物・排泄物（便、尿など）
② 血液・体液・分泌物（喀痰・膿みなど）
③ 使用した器具・器材（注射針・ガーゼなど）
④ 上記に触れた手指で取り扱った食品など

①、②、③は素手で触らず、必ず手袋を着用して取り扱います。
また、手袋を脱いだ後は、手洗い・手指消毒が必要です。

出典 「高齢者介護施設における感染対策マニュアル」三菱総合研究所　2013年（一部改変）

(2) 感染ルートの遮断

　感染者や、感染者の上記感染源から、ウィルスや細菌が人に移行して、感染する道筋が感染ルートです。

　感染ルートには、次のようなものがあります。

　① 空気感染

　　微生物（菌、ウィルス）が空気中を浮遊し、飛散することで感染が起こります。

　　結核、はしか、水疱瘡などがこれにあたります。

　② 飛沫感染

　　感染源である人が、くしゃみ、咳、会話することで、感染源が飛沫し感染します。飛沫は床に落下し、空気中に浮遊し続けることはないので、換気などは特別必要ありません。

　　インフルエンザ、おたふくかぜ、風疹、マイコプラズマ肺炎などがあります。

　③ 接触感染

　　手指、食品、器具を介して起こる最も頻度の高い感染ルートです。

　　疥癬、MRSA感染症、緑膿菌感染症などがあります。

　④ 物質型媒介感染

　　汚染された食物、水、血液、器具などを媒介して感染します。

　　食中毒、肝炎などがあります。

感染ルートの遮断とは
① 感染源（病原体）を持ち込まないこと
② 感染源（病原体）を拡げないこと
③ 感染源（病原体）を持ち出さないこと

出典 「高齢者介護施設における感染対策マニュアル」三菱総合研究所　2013年（一部改変）

　在宅介護では、さまざまな職種が関わり、それぞれが感染を媒介する、感染ルートとなる可能性があります。上記の基礎知識を持ち、自分自身が感染の媒介者とならないよう、予防を心がける必要があります。

(3) 利用者の健康チェック

　初めて在宅サービスを利用する利用者にサービスを提供する前には、利用者の健康状態や感染症に関する既往歴などについてきちんと確認することが大切です。基本的には感染既往者へのサービス提供は、感染管理上特に問題ありませんので、既往のある利用者に不利益にならないよ

う配慮する必要があります。また、担当訪問介護員には、利用者に関して知り得た感染に関する情報を必ず伝え、標準的な予防策について指導します。

　サービス開始後の利用者のバイタルチェックについては、利用者の健康状態の維持・向上や異常の早期発見に役立ちます。健康状態を把握するためには、栄養状態の把握、食事摂取状況や定期的なバイタル測定などが有効でしょう。

訪問介護員の手洗い・うがいの様子

Ⅱ 介護と感染対策

1 標準予防措置策（スタンダード・プリコーション）

重要な感染対策の基本について述べてきましたが、具体的な予防策として、スタンダード・プリコーションと呼ばれる標準的予防措置が示されています。

場面	対応
・血液・体液・分泌物・嘔吐物・排泄物（便）などに触れるとき ・傷や創傷皮膚に触れるとき	手袋を着用します。 手袋を外したときは、液体石けんと流水により手洗いをします。
・血液・体液・分泌物・嘔吐物・排泄物（便）などに触れたとき	手洗いをし、必ず手指消毒をします。
・血液・体液・分泌物・嘔吐物・排泄物（便）などが飛び散り、目・鼻・口を汚染する恐れのあるとき	マスク、必要に応じてゴーグルやフェイスマスクを着用します。
・血液・体液・分泌物・嘔吐物・排泄物（便）などで、衣服が汚れる恐れのあるとき	プラスチック（使い捨て）エプロン・ガウンを着用します。

※訪問介護において、原則として日常的にこのような対応は必要ありません。

出典　「高齢者介護施設における感染対策マニュアル」三菱総合研究所　2013年（一部改変）

2　手洗い

　感染予防の基本戦略は「手洗いに始まって手洗いに終わる」といわれるほど、手洗いが重要視されています。
　訪問介護員の手指を介した感染は、感染経路として最も気をつけるべき点です。万が一汚染された場合でも、直ちに流水で洗浄することにより、感染を防止することができます。

> ＜手洗いにおける注意事項＞
> ① 手を洗うときは、時計や指輪は外す。
> ② 爪は短く切っておく。
> ③ まず手を流水で軽く洗う。
> ④ 手洗いが雑になりやすい部位は、注意して洗う。
> ⑤ 水道栓は、自動水栓か手首、ひじなどで簡単に操作できるものが望ましい。
> ⑥ 水道栓は、手で操作する場合、手を拭いたペーパータオルを用いて止める。
> ⑦ 手を完全に乾燥させること。

出典 「高齢者介護施設における感染対策マニュアル」三菱総合研究所　2013年（一部抜粋、改変）

3　食事介助

　食事介助の際は、訪問介護員は必ず手を洗い、清潔な器具や清潔な食器で食事を提供することが大切です。特に、排泄介助後の食事介助に関しては、食事介助前に十分な手洗いが必要です。訪問介護員が食中毒病原体の媒介者にならないように、注意を払いましょう。利用者が吸い飲みによる水分補給をする場合には、使用する都度洗浄するようにしましょう。

4　排泄介助

　便には多くのウィルスや細菌が混入しているため、訪問介護員が病原体の媒介者となるのを避けるためにも、取り扱いには注意が必要です。
　おむつ交換は、必ず使い捨て手袋を着用します。また、手袋を外した際（外側を触らないように内側にする）には、必ず手を洗いましょう。使用済みのおむつなどは、速やかに閉じて便などを包み込みます。おむつやふき取りに使用したペーパータオルなどは、床に置かず、ビニール袋に密閉して廃棄します。
　感染症のウィルスによっては、空中を漂い、口に入って感染することがあります。嘔吐物や便は、乾燥しないうちに速やかに処理し、処理した後はウィルスが屋外に出て行くよう、空気の流れに注意しながら十分に換気を行うことが、感染防止に重要となります。

5　医療処置のある利用者へのケア

　経管栄養や胃ろうなどのチューブ類は、感染のリスクが高いことに留意しましょう。
　膀胱留置カテーテルを使用している場合に尿を廃棄するときは、使い捨て手袋を使用して、尿パックを取り扱いましょう。また、尿パックの高さに留意し、クリッピングをするなど、逆流させないようにすることも必要です。

6 日常の観察

異常の兆候を出来るだけ早く発見するために、訪問介護員は利用者の健康状態を常に注意深く観察します。体の動きや声の調子・大きさ、食欲などが、いつものその人とは違うと感じたら要注意です。また熱があるかどうかは、検温するまでもなく、トイレ誘導やおむつ交換などのケアの際、利用者の体に触れたときにわかる場合もあります。

＜感染症を疑うべき利用者の症状＞

主な症状	要注意のサイン
発熱	◇ぐったりしている、意識がはっきりしない、呼吸がおかしい、など全身状態が悪い ◇発熱以外に、嘔吐や下痢などの症状が激しい
嘔吐	◇発熱、腹痛、下痢もあり、便に血が混じることもある ◇発熱し、体に赤い発疹も出ている ◇発熱し、意識がはっきりしていない
下痢	◇便に血が混じっている ◇尿が少ない、口が渇いている
咳、咽頭痛、鼻水	◇熱があり、痰のからんだ咳がひどい
発疹（皮膚の異常）	◇牡蠣殻状の厚い鱗屑が、体幹、四肢の関節の外側、骨の突出した部分など、圧迫や摩擦が起こりやすいところに多く見られる。 ◇非常に強いかゆみがある場合も、まったくかゆみを伴わない場合もある。

出典 「高齢者介護施設における感染対策マニュアル」三菱総合研究所　2013年（一部改変）

サービス提供責任者や訪問介護員が、利用者の健康状態の異常を発見したら、すぐ医療機関につなげましょう。

Ⅲ 感染症発生時の対応

感染症発生時の対応として、次のことを行います。

1 感染症の発生状況の把握

感染症や食中毒が発生した場合や、それが疑われる状況が起きた場合には、対象となる利用者の状況や対応などを記録しておきます。

訪問介護員が利用者へのサービス提供中、感染症や食中毒を疑ったときは、直ちにサービス提供責任者に報告する体制を整えておく必要があります。サービス提供責任者は、訪問介護員から報告を受けた場合、当該利用者を担当するすべての訪問介護員に必要な指示を行います。

2 感染拡大の防止

サービス提供責任者ならびに訪問介護員は、利用者に感染症もしくは食中毒が発生したとき、

またはそれが疑われる状況が起きたときは、<u>拡大を防止するためすぐに対応</u>しましょう。
(1) 発生時は、手洗いや排泄物・嘔吐物等の適切な処理を徹底しましょう。
(2) 介護者を媒介して、感染を拡大させることのないよう、特に注意を払いましょう。
(3) 速やかに医療機関につなげ、必要な指示を仰ぎます。

3 関係機関との連携等
サービス提供責任者ならびに訪問介護サービス事業者は、利用者に感染症もしくは食中毒が発生したとき、次のような関係機関に報告、対応の相談、指示を仰ぐなど<u>緊密な連携をとりましょう。</u>
(1) 医療機関
(2) 居宅介護支援事業者(介護支援専門員)
(3) 保健所
(4) 保険者である市区町村

その他、当該利用者を担当するすべての訪問介護員への周知や、利用者の家族への情報提供も重要です。

【参考文献】 三菱総合研究所 「高齢者介護施設における感染対策マニュアル」2013年版

2. 緊急時対応

学習の手引き

ポイント
①緊急時とは何かを学びます。
②緊急時の対応について習得しましょう。

解説

I 緊急時とは

1 利用者の容体が急変したとき

利用者の容体の異変に早く気づくことができるように、日頃から利用者の状態を把握しておくことが肝心です。サービス提供責任者は、異変に気づいたり、訪問介護員から異変の報告が入ったときは、まず落ち着いて、利用者の状態をしっかり把握するよう努めてください。

緊急時に備えて、緊急連絡先、通院先をあらかじめ利用者や家族より確認しておき、緊急時の対応手順について、利用者・家族・訪問介護員と話し合っておきます。その場合、利用者や家族に判断を仰ぐ前に、救急車を呼ぶことがあることも説明しておきます。

(1) すぐに救急車を呼ぶ場合

① 意識がない
② 意識はあるが動けない
③ 多量に出血している
④ 呼吸をしていない

利用者が死亡していると思われるときでも、サービス提供責任者・訪問介護員は死亡と断定ができないので、必ず、救急車を呼びます。その際は、利用者の現在の容態を伝えるため、必ず、現場にいる人が電話をかけます。利用者の状態、住所等を伝え、場合によっては救命救急（心肺蘇生法など）が指示されますので、その指示に従いましょう。なお、吐血等がある場合は、感染症対策（手袋・マスク等）をしてから対応しましょう。

訪問介護員から連絡を受けたサービス提供責任者は、利用者の緊急連絡先や居宅介護支援事業所等に状況説明を行います。状況によっては、救急隊の対応から警察への対応に変わることもあるため、早急に現場に駆けつけます。訪問介護員が、利用者の普段目にすることがない状態に立ち会ったことを念頭に寄り添いながら支援を行います。

(2) 上記以外の場合

運営基準では、訪問介護のサービス提供時に、利用者に病状の急変が生じたときは、<u>速やかに主治医への連絡を行うなどの必要な措置を講じなくてはならない</u>とあります。利用者や家族の意向を聞き、対応を相談します。介護支援専門員に報告することも忘れないようにしましょう。

緊急に通院が必要で、居宅サービス計画にない訪問介護による通院介助を求められる場合もあ

ります。また、転倒して一人では起き上がれず、訪問介護による移乗介助が必要なときもあります。
　利用者や家族から要請を受けた場合、サービス提供責任者は介護支援専門員と連携を図ります。介護支援専門員が必要と認めたときには、居宅サービス計画にないサービスであっても、サービス提供責任者または訪問介護員は、緊急で訪問介護サービス（身体介護中心）を行います。

2　訪問介護員が訪問しても利用者の応答がない場合

　訪問介護員がサービス提供のため訪問した際に利用者の応答がない場合、すぐに不在と判断し、訪問介護員を帰してしまってはいけません。予想される状況を踏まえ、あらゆる手段を講じて利用者の安否確認を行います。「訪問介護員が訪問したのに不在だった。訪問介護員を帰した数日後、利用者が室内で倒れているのが発見された」ということになれば、重大な事態に発展してしまいます。

（1）予想される状況
　① 訪問日であることを忘れて利用者が外出している
　② 利用者の通院などが長引いている
　③ サービス提供責任者が訪問介護員に、当日のサービス提供キャンセルの指示を忘れている
　④ 緊急入院などの連絡が訪問介護サービス事業者に届いていない
　⑤ 利用者が就寝している
　⑥ 利用者が室内で倒れている

（2）確認事項
　① 利用者が在宅か不在か、利用者宅に確認の電話をいれます。寝ていた場合は電話で訪問介護員が訪問することを伝えます。
　② 緊急のショートステイや入院などで留守にする予定の有無を、利用者の家族や介護支援専門員に確認します。
　③ 通院先に連絡します。
　④ 単独で外出可能か、最近の様子はどうか、以前からの情報や最近の情報について確認します。（徘徊があるのか、最近体調が悪かったのか、高血圧や心疾患、抑うつ症状があるかどうかなど）

（3）対応方法
　上記確認事項をすべて確認しても、利用者の状況が把握できない場合の対応として、次のような方法があります。
　① 緊急時のために、利用者から事前に鍵を預かっている場合は、鍵をあけて中に入り、利用者の安否を確認します。
　② マンションなどで鍵を預かっている管理人や、近所の方に鍵を預けてあることを事前に聞いている場合は、鍵の開錠を依頼します。
　③ すぐに駆けつけられる家族がいる場合は、家族が来るまで待ちます。
　④ 窓から利用者が倒れているのが見えるなど、緊急性が外からの様子で判明する場合には、消防署に連絡し、レスキュー隊の出動を要請します。

⑤　緊急性が不明の場合は、家族などの許可を得て、鍵開錠の業者を呼びます。
⑥　訪問介護員派遣時間帯に起きる事柄については、訪問介護サービス事業者が責任を負いますが、介護支援専門員、地域包括支援センター、市区町村のケースワーカーが対応できる場合は、分担して対応します。
⑦　一刻を争う場合もありますので、現場にサービス提供責任者が駆けつけてから手配するのではなく、適宜現場の訪問介護員に指示をしながら手配を進めます。

Ⅱ　緊急対応事例

1．訪問介護員が訪問したところ、集合住宅に住む利用者の応答がなかった。糖尿病性の神経痛で外出に不自由しており、今まで留守をしたこともなかった。レスキュー隊の出動を要請し入室したところ、低血糖発作を起こして倒れていた。そのまま緊急入院したが、一命は取り留めた。

2．訪問介護員が訪問したところ、利用者宅の雨戸が閉まったまま応答がなかった。一人暮らしの利用者は退院してちょうど1週間目であった。別居の家族に許可を得て、鍵開錠業者を呼び、鍵を開けて中に入ったところ、利用者はベッドから落ちて死亡していた。

3．訪問介護員が訪問したところ、利用者の応答が無いが、かすかにうめき声が聞こえた。近所の方に頼み、窓枠から中に入ったところ、利用者は昨夜から倒れたままだった。主治医の往診を依頼し、連絡を受けて駆けつけた家族に引き継いだ。

4．利用者から、「車椅子からずり落ちたまま動けないでいる」と電話が入った。介護支援専門員と連絡を取り、介助の必要性があると判断されたため、サービス提供責任者と訪問介護員が2人で急行し、利用者を助け起こした。

3. 苦情対応

学習の手引き

ポイント
①苦情が発生する原因を理解しましょう。
②苦情対応の方法を知りましょう。
③苦情は初期対応で解決できるようになってください。

解　説

I　苦情対応とは（基準第36条第1項・第2項・第3項）

　社会福祉法第82条の規定により、社会福祉事業の経営者は、常にその提供するサービスについて、利用者等からの苦情の適切な解決に努めなければならないとされています。

　介護保険制度の理念の一つに、「利用者本位」があります。また、介護保険では、利用者とサービス提供事業者が、対等な関係の契約のもとで、サービスが提供されます。しかし、利用者は、身体機能が低下するなど自信を失っていたり、サービスを受けることに引け目を感じていることも多く、自ら苦情を申し立てるのは、実際は難しいことです。だからこそ、介護保険では、苦情申し立ての仕組みを運営基準で定めているのです。

　このように、苦情申し立ての仕組みは、<u>利用者の権利を守るための制度</u>です。苦情に対応するということは、サービス提供責任者の<u>重要な援助過程</u>のひとつと捉える必要があります。

①苦情を受け付けるための窓口を設置する等の必要な措置を講じなければならない。
②苦情の内容等を記録しなければならない。記録は、サービスが完結した日から2年間保存しておかなければならない。
③市町村からの文書等の提出や提示、質問や照会に応じ、調査に協力し、指導や助言に従い必要な改善を行わなければならない。
④市町村から求められた場合は、改善の内容を報告しなければならない。
⑤国民健康保険団体連合会の調査に協力し、指導や助言に従い必要な改善を行わなければならない。
⑥国民健康保険団体連合会から求められた場合は、改善の内容を報告しなければならない。

II　苦情発生の原因

　利用者・事業者の立場の違いから、<u>相手の期待に応えられなかった時に起こる不満の表れ</u>が、苦情になります。

＜主な苦情＞
① 人に対しての苦情……………（例）訪問介護員に対する苦情等。
② 介護認定に対する苦情………（例）要介護認定が軽度と判定された等。
③ 契約に関する苦情……………（例）契約したサービスが守られていない等。

④ サービスに対する苦情…………（例）望んだサービスを実施してくれない等。
⑤ 介護保険制度に対する苦情………（例）使い勝手が悪い等。

どのような場合にも、要因として、説明や連絡不足・確認不足があります。
　注意が行き届いていれば生じなかった可能性があります。また「利用者である自分の思いをわかって欲しい」との気持ちが、苦情として訴えにつながることも多くあります。苦情を訴える利用者の「苦しい状況・心情」は、訪問介護サービス事業所側の気持ちのこもった対応を望んでいると理解しましょう。

Ⅲ 苦情対応の目的

1 利用者の権利擁護
　苦情申し立ての仕組みや苦情を申し立てる権利があるということを利用者に認識してもらうことが、利用者の権利擁護の第一歩になります。

2 サービスの質の向上
　「苦情は宝の山」といいます。サービス提供責任者が気付かないことを教えていただいているという気持ちで真摯に受け止め、改善していく姿勢が大切です。
　また、苦情の背景にある利用者の状況や心情を理解することは、援助の本質につながる重要な課程です。
　苦情を密室化せず、一定のルールに沿った方法で苦情に対応することが、サービス提供責任者として、利用者から信頼を得ることになります。

3 制度・施策への提言
　申し出のあった苦情のうち、事業所の努力だけでは解決できないものについては、制度・施策への提言をしていくことで、利用者の生活を守ることにつながります。

Ⅳ 苦情対応の基本

1 謝罪
（1）まずは謝罪しましょう。
　　　この謝罪は、非を認めたという謝罪ではありません。利用者側を不愉快にしてしまったこと、苦情の申し出をしなければならなかった思いや労力をかけてしまったことへのお詫びです。その姿勢が利用者の気持ちを受け止めることになります。
（2）利用者側の気持ちや状況にあわせた言葉を選びましょう。
　　　利用者側を気遣う心、苦情の理由を思いやる心を言葉にして伝えます。高圧的な印象を与えないように注意をしましょう。

2 傾聴
（1）利用者側の言い分を十分に聴きましょう。
　　　事業者側に、自分たちに「落ち度はない」という先入観があると、利用者側の話は聴けません。

（2）言い訳や弁解は避けましょう。

　　利用者の話をしっかり受け止めて発言しましょう。相手側の話を聴き終わる前に反論や弁解することは厳禁です。利用者側には苦情を訴える理由があるのです。話は素直な気持ちや態度で聴きましょう。

3　事実確認

（1）具体的な苦情内容の確認をします。

　　「いつ」「どこで」「何が・誰が」「どのくらい」「どうしたか」を相手側の気持ちを配慮しながら、確認していきましょう。ゆっくり落ち着いて話をします。

（2）会話の内容をメモに残しましょう。

　　利用者側の発言内容やサービス提供責任者自身が発言したことを、区別して記録で残しておきます。メモを取るときは、利用者側に一言断って了解を得るようにしましょう。

4　解決に向けて

（1）回答は速やかに行いましょう。

　　即答できないことは、「誰が」「いつまでに」「どんな方法で」回答するのかを、遅くとも当日中に連絡を入れ、伝えておきましょう。たとえ、当日中に回答ができなくても、途中経過を報告することで、利用者に安心感をもってもらうことができます。

（2）解決策・予防策の検討をします。

　　苦情解決策や再発予防策は、事業所として検討を行います。利用者側との話し合いを通して、解決策・予防策の提示をしていきます。

Ⅴ　電話での苦情対応

　電話での苦情対応は「Ⅳ苦情対応の基本」と同様です。しかし、電話では相手側の表情や態度が見えません。両者で双方の表情が読み取れないことが、口調や言葉使いひとつで誤解を与えてしまうこともあります。そのため、より丁寧な対応が必要となります。相手側の気持ちを尊重して心情的な側面に共感し配慮できることが、早い解決につながります。

　　　☆　電話での苦情対応のポイント　☆
　　　①相手側の声のトーンを聞き分ける。　　④苦情の内容を確認する。
　　　②「あいづち」や「返事」をしっかり入れる。　⑤表情のある言葉で話す。
　　　③はっきりとゆっくり話す。　　　　　　⑥言葉の語尾は柔らかく。

Ⅵ 苦情の解決体制

苦情は、サービスの質の向上につながるという意識を持ち、積極的に取り組むための体制作りが必要です。

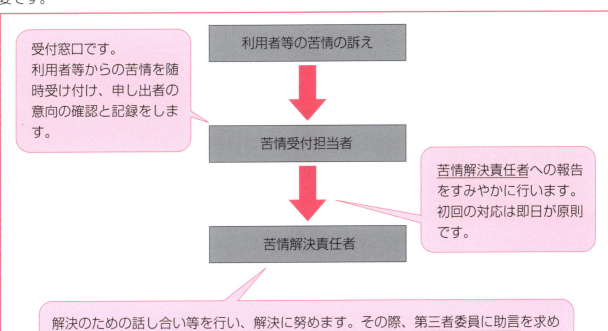

1 第三者委員

訪問介護サービス事業者は、苦情解決に社会性や客観性を確保し、利用者の立場や特性に配慮した適切な対応を推進するために、第三者委員を設置します。

第三者委員は、評議員、監事、社会福祉士、民生委員、児童委員、大学教授など、学識経験者等からの選出が考えられます。

事業所内の第三者委員で苦情解決が困難な場合

2 苦情解決機関

＜訪問介護サービス事業者に対する苦情の申し出先＞
① 利用者に身近な保険者である市町村
② 介護保険法で苦情処理の業務を行うことを位置付けられた国民健康保険団体連合会

市町村と国民健康保険団体連合会は、訪問介護サービス事業者に対して苦情の調査や指導、助言を行います。訪問介護サービス事業者は、苦情解決の協力と改善に努め、改善内容の報告書を提出します。

Ⅶ 苦情記録例

受付日時	平成30年4月11日（水曜日） AM・PM　10:15		
受付方法	電話　　来所　　手紙　　その他（　　　　　　）		
受付者名	職種　事務担当　　　　氏名　介護　保子		
申出者氏名	日本　国子（続柄長女）　　利用者氏名　日本　一郎		
申出者の連絡先住所	〒000-0000　○○市○○区○○町1-1　TEL00（000）0000		
苦情の対象者	（職種）サービス提供責任者		
苦情の内容	苦情発生の日時	平成30年4月11日AM10:00	場所	利用者自宅
	今日来るはずのヘルパーが来ない。通院ができない。		
苦情対象者への事実関係内容	4月10日19:20頃、○○ヘルパーから体調不良で4月11日休みたいとの連絡があった。 ○○様への連絡及び臨時のヘルパーで対応することを忘れてしまった。		
対応の結果	事業所側の連絡ミスで、ご迷惑をかけたことをお詫びし、謝罪をする。今後このようなことの無いよう担当者に指導することをお伝えする。		
再発防止のための指導	苦情の発生理由	電話の内容のメモを取り忘れた。		
	指導内容	連絡の内容は必ず記録・メモに残す。		
	今後の対応方法	○月○日事務所内のスタッフ全員に周知する。		

Ⅷ 苦情対応のポイント

① 定期的に不満等を聞くなど、利用者が苦情を申し出しやすいような仕組みをつくりましょう。

② 苦情に対しては、迅速に対応することが重要です。原則は、即日対応です。

③ 認知症等の判断能力が不十分な利用者は、できる限り本人の意思を把握することが重要です。また、家族等の周囲との関係で苦情を表出できない利用者は、苦情の把握に一定の配慮が必要になります。

④ 苦情の中には、事業所での解決が困難なものや、利用者が直接、公的機関の窓口に苦情を申し出ることもあります。その場合は、公的機関に協力し、解決に努めましょう。

4. 事故対応・リスクマネジメント

学習の手引き

ポイント
①事故が発生した時の対応方法を理解しましょう。
②事故の記録を残しておく必要性を知りましょう。
③事故の原因の究明と再発防止が行えるようになりましょう。

解　説

I　事故対応とは（基準第37条）

　訪問介護サービスにおいて、サービス提供中の事故はもとより、訪問介護員の通勤中も含めて様々な事故が起きる危険性がありますので、普段から事故の予防に努め、<u>起こりうる事故を想定</u>して手を打つことが、サービス提供責任者に求められます。

II　訪問介護サービスにおける事故事例

利用者に対する事故	★物品の破損 　（例）利用者が大切にしていた骨董品を倒し、破損した。 　　　　食器を洗っていたところ、手が滑り下に落として破損した。 ★怪我を負わせた 　（例）通院介助の途中、利用者がつまずき転倒し、骨折した。 　　　　足浴の時、お湯が熱すぎて利用者に火傷をさせてしまった。 ★金品の紛失 　（例）買い物を頼まれ、途中で釣銭を落としてしまった。 　　　　お預かりしていた、利用者宅の玄関鍵を紛失してしまった。 ★経済的な損失 　（例）介護支援専門員の給付管理の誤りで、実績が計画単位数を超えてしまい、利用者に10割負担が生じてしまった。 ★人格権の侵害等 　（例）利用者の名誉を傷つける発言や行動があった。
訪問介護員自身の事故	★活動中の怪我 　（例）利用者宅で調理中に、包丁で手を深く切ってしまった。 　　　　利用者宅の階段を上がろうとして、階段を踏み外し、骨折した。 ★通勤中の怪我 　（例）雨の日に、マンホールのふたの上で足がすべり転倒し、骨折した。 　　　　通勤途中、段差に足をとられ捻り、捻挫をした。 ★感染 　（例）利用者が疥癬と判明し、訪問介護員にも感染していた。 ★個人情報の漏洩・紛失 　（例）利用者氏名を記載した記録等の入ったカバンを持って歩いていたところ、ひったくりに遭った。

事故事例（食器を割った）

（駅の階段で転倒した）

Ⅲ 事故発生時におけるサービス提供責任者の役割

1 初期対応

事故の状況を把握して、事実の確認を行います。また、関係者への連絡、謝罪・お見舞い等の的確で速やかな対応を行います。

また事故の大小に関わらず、管理者へ状況等を速やかに報告しましょう。

（1）利用者に対する事故

利用者の身体上の事故の場合、救急の処置と利用者の家族への連絡を速やかに行うことが大切です。家族・介護支援専門員への連絡や、行政機関の市町村へ報告するよう、運営基準のなかに明記されています。

（2）利用者宅の物品の破損

破損した状況や、被害の状況、怪我の程度を聞き取ります。事実を正確に把握するため、利用者とサービス提供を行っていた訪問介護員の双方より、状況を聞き取ります。

2 事後対応

事故の原因を調べ、訪問介護員や訪問介護サービス事業所側の過失の有無を確認しましょう。損害賠償が必要になって利用者や家族との話し合いを行う場合は、サービス提供責任者単独ではなく、管理者が同行したほうが良いでしょう。

なお、過失の有無の判定については、専門の鑑定士等の第三者に依頼する場合もあります。

（1）訪問介護サービス事業所側に過失がある場合

明らかに事業所側の過失があれば、誠心誠意の謝罪が必要です。サービス提供責任者が、責任者として、速やかに利用者宅を訪問して謝罪することが原則です。必要な場合は、事業所の管理者と同行をしましょう。利用者だけではなく、家族に対しても同様の気持ちで謝罪をします。謝罪の仕方が適切でなかったり謝罪が遅れたりすると、利用者側の態度を

硬化させてしまうこともあります。
　(2) 訪問介護サービス事業所側に過失がない場合
　　　過失がない場合や、判断に迷う時であっても、利用者等を思いやる気持ちを表し、その場逃れの対応は避けましょう。

3　補償希望の確認
　(1) 利用者に怪我を負わせた場合
　　　怪我の大小にかかわらず、医療機関への受診を勧めてください。事業所側の勝手な判断は避け、医療専門職の医師等の判断が大切です。特に、頭を打った場合などは、早期の受診が必要です。
　(2) 物品の破損・紛失
　　　損害の品物の補償希望がある時は、代替品の購入・修理のどちらにするのか、又、誰が対応するのかを確認しておきます。利用者側で購入・修理の対応をした時は、見積書や領収書を提出してもらいましょう。また、電化製品の賠償は時価でおこなう減価償却になることが考えられるので、利用者側の希望に沿えないこともあります。利用者側に、購入や修理前に、きちんと説明しておくことが大切です。

4　訪問介護員が傷害・感染症を負った場合
　(1) 怪我
　　　怪我の様子を気遣い、怪我の程度にかかわらず、医療機関の受診を勧めましょう。サービス提供予定があれば、スケジュールの変更が必要です。受診をするときは、労災保険等の説明をきちんとしておきましょう。労働者災害補償保険（以下、「労災保険」という。）を適用する場合は、労災指定病院への受診になります。受診する医療機関に「労災であることを受付に申し出ること」と「健康保険証を提示しないこと」を訪問介護員にきちんと伝えましょう。
　(2) 感染症
　　　利用者が感染症にかかったことが判明した時は、速やかに事業所の管理者に報告しましょう。検診の必要がある場合は、訪問介護員に受診を指示します。感染の場合は、労災保険を申請します。

5　再発防止の徹底
　会議等を開催して、再発防止の対策を確認しあったり、関係機関と連携しながら調整を行ったり、訪問介護員への指導を行います。事故報告や記録の保管を行い、注意事項や約束事をきちんと申し送りできるようにしておきましょう。
　記録は、サービス提供終了後も2年間は保存をしておかなければなりません。
　(1) 利用者に怪我を負わせた場合
　　　今までの介護方法に無理はなかったか、利用者の心身状況に見合った介護方法でサービス提供が行われていたかを、関係者とともに再点検しましょう。
　(2) 訪問介護員が怪我を負った場合
　　　活動中に起こった事故は、介護方法を再点検して、問題点の洗い出しや見直しを行います。検討した結果を利用者へ提案し、了解を得ましょう。

Ⅳ 各種保険の種類

　事故発生時の対応については、訪問介護サービス事業所内で対応方法を定めておくことが大切です。しかし実際に事故が発生して、事故原因が訪問介護サービス事業所側にある場合は、賠償責任を負うことになります。そのためには、賠償の資力を有するか、またはあらかじめ民間の損害賠償保険等に加入しておくことが必要となるでしょう。

1　主な保険の種類

賠償責任保険（民間）	物品破損、利用者に怪我を負わせた場合
傷害保険（民間）	訪問介護員が怪我を負った場合
労災保険（労働基準監督署） ※（強制加入）	訪問介護員が怪我を負った場合 訪問介護員が感染症に罹患した場合

2　保険適用外の事故事例

　サービス提供責任者は、利用者や訪問介護員に対して、保険適用外となる事故について、普段からきちんと説明しておきましょう。責任逃れの言動と受け取られないようにすることも大切になります。

（1）老朽化した物品や消耗品の破損

　　特に、掃除機等の電化製品の破損が多いでしょう。訪問介護員や訪問介護サービス事業所が注意を怠らず、誤った操作等もなくサービスの提供を行っている場合や、破損の原因を「いつ」「だれが」と特定できない場合には、保険適用外となることがあります。普段のサービス提供の中で、訪問介護員の使用中に壊れる家電類もあることでしょう。

　　壊れる危険性や可能性があることを、普段から利用者・家族に指摘しておくことも必要です。

（2）被害者となる利用者が、損害賠償の請求の意思がない場合

（3）故意による場合

（4）訪問介護員の腰痛症・腱鞘炎・筋肉痛等

　　事故による障害である・予期できない・医師による所見がある等の要件判断を下すことが難しいため、傷害保険の対象外となっています。

Ⅴ より良い事故対応に向けて

　サービス提供中の事故は、思いがけない時に発生します。生命にかかわる事故からコップの破損事故に至るまで、日常的に起きる可能性があります。事故の種類は多岐にわたるので、対応方法や被害者側の要求も常に同じとは限りません。起きた事故に対して、速やかに誠実な態度で向き合うことが必要です。

　サービス提供責任者として、サービス提供時に起きた事故は、過失の有無にかかわらず、事故対応の基本を押さえて、それぞれの事故に応じた解決を目指し取り組みましょう。

起きた事故に対して、速やかに誠実な態度で向き合いましょう。

VI 事故防止に向けて（リスクマネジメント）

1 事例検討の実施
　事業所内で定期的に事例検討会を開催し、複数の視点で原因を洗い出し、よりよい再発防止策を立案し、実践につなげると良いでしょう。
　事業所内のすべてのサービス提供責任者が参加することで、情報共有にもなります。

2 訪問介護員への指導
　事例検討会で学び得たことは、訪問介護員へフィードバックしましょう。
　必要に応じて、介護技術指導を交えるなど、留意点が伝わるように指導方法を工夫しましょう。

3 利用者への事前説明・事前確認
　事故を100％防止するのは、実際にはかなり困難なことです。
　しかし、その確率を少しでも100％に近づけるためには、介護の場面ごとにどのような事故が起こりうるか、その危険性についてあらかじめ利用者へ説明し、訪問介護員・利用者の両者に意識付けを行うことが大切になります。
　また、訪問介護員が利用者宅で使用する利用者の所有物（掃除機・洗濯機等）についても、あらかじめ消耗状況や耐久性をサービス提供責任者・利用者の両者で確認しておきましょう。

5. 個人情報の取扱い

学習の手引き

ポイント
① 「個人情報保護法」を理解してください。
② 個人情報の重要性を理解してください。
③ 個人情報の漏えい防止対策を知ってください。

解説

I 個人情報保護法とは

　平成15年5月に公布された「個人情報の保護に関する法律」は、改正法が平成27年9月に公布され、平成29年5月30日から全面施行されています。

　個人情報の利用は、IT社会の進展とともに利便性が高まる反面、ひとたび誤った取扱いをされた場合には、その個人に取り返しのつかない被害を及ぼすこともあります。こうした個人の権利利益の保護を目的として、事業者が個人情報を取り扱う上でのルールが法律で定められています。

　平成29年4月には、法の趣旨を踏まえ、介護事業者における個人情報保護の適正な取扱いが確保されるよう、厚生労働省による「医療・介護関係事業者における個人情報の適切な取扱いのためのガイダンス（以下、ガイダンス）」が別に定められています。

＜個人情報保護法の概要＞
1. 個人情報を利用する目的を明確にすること（第15条）
2. 個人情報の適正な取得と利用目的を本人に明らかにすること（第16・17条）
3. 個人情報を正確かつ最新の内容にしておくこと（第19条）
4. 個人情報を安全に管理すること（第20～22条）
5. 一定の条件を除き、第三者に個人情報を提供しないこと（第23条）
6. 本人の求めに応じて開示、訂正、利用停止等を行うこと（第28～30条）
7. 苦情の処理を行うこと（第52条）

II 個人情報の範囲

個人情報保護法とガイダンスにより、次のとおり区分できます。

個人情報保護法	生存する個人に関する情報（氏名・生年月日・その他特定の個人を識別できるもの・個人識別番号が含まれるもの） 写真・家族構成・メールアドレス etc.	義務
ガイダンス	生存する個人に関する情報 （医療・介護関係の情報）	義務
	死亡した個人に関する情報 （情報を保存している場合）	安全管理措置

Ⅲ 個人情報取扱事業者

個人情報保護法の義務の対象である「個人情報取扱事業者」とは、個人情報データベース等を事業の用に供している者（民間部門）をいいます。法人に限定されず、営利か非営利かも問われないため、個人事業主やNPO法人等の非営利組織であっても、「個人情報取扱事業者」となります。現実的には、ほとんどの事業者がこの定義に該当すると考えられます。

訪問介護サービス事業者は、その規模等によらず、良質かつ適切な介護サービスの提供が利用者等から期待されており、そのために最善の努力を行う必要があります。どの訪問介護サービス事業者も、義務を遵守する必要があります。

Ⅳ 個人情報取扱事業者の義務（ルール）

1	利用・取得に関するルール
	個人情報の利用目的をできる限り特定し、利用目的の達成に必要な範囲を超えて個人情報を取り扱ってはなりません。
	偽りその他不正な手段によって個人情報を取得することは禁止されています。
	本人から直接書面で個人情報を取得する場合には、あらかじめ本人に利用目的を明示しなければなりません。 間接的に取得した場合は、速やかに利用目的を通知または公表する必要があります。
2	適正・安全な管理に関するルール
	顧客情報の漏えいなどを防止するため、個人データを安全に管理し、従業者や委託先を監督しなければなりません。
	利用目的の達成に必要な範囲で、個人データを正確かつ最新の内容に保つ必要があります。
3	第三者提供に関するルール
	個人データをあらかじめ本人の同意を取らないで第三者に提供することは原則禁止されます。
4	開示等に応じるルール
	事業者が保有する個人データに関して、本人から求めがあった場合はその開示、訂正、利用停止等を行わなければなりません。
	個人情報の取扱いに関して苦情が寄せられたときは、適切かつ迅速に処理しなければなりません。

（出典：内閣府ホームページ）

V 個人情報の主な利用目的

1	自事業所での利用に係る事例
	サービス提供に係る契約・訪問介護計画・サービス提供記録等
	介護保険事務
	事故・苦情報告
	統計・基礎資料作成
2	他事業者・関係者への情報提供を伴う事例
	居宅介護支援事業所・関係機関等への連絡・報告・照会、サービス担当者会議
	業務委託先へのデータ提供
	利用者家族への状況説明
	介護保険事務の委託、レセプト提出、審査支払機関または保険者との照会、回答
	実地指導・行政監査

※ 主に紙媒体での情報収受が多いのが訪問介護サービス事業者の特徴

VI 個人情報の主な漏えい事例

- ☐ FAX誤送信
- ☐ 郵便誤送付
- ☐ メール誤送信
- ☐ 封入ミス
- ☐ 誤廃棄
- ☐ 持ち出し時の紛失・盗難
- ☐ ネット上に流出

VII 訪問介護サービス事業者に作成・保存が義務づけられている記録（例）

◇居宅サービス計画（指定居宅サービス等の事業の人員、設備及び運営に関する基準第16条）
◇サービス提供の記録（同第19条）
◇訪問介護計画（同第24条第1項）
◇苦情の内容等の記録（同第36条第2項）

個人情報の記載がある書類は、保管ルールを決めましょう。

Chapter 3

Ⅷ 個人情報漏えい防止対策

1 ながれ

① 現状把握 → ② 問題点・重点課題の洗い出し → ③ 取り扱いと管理ルール作成 → ④ 周知徹底 → ⑤ 実行 →（①に戻る）

☆ポイント☆
ルールは一度作ったら終わりではありません。
適宜検証を行い、「生きたルール」に改善していくことが大切です。

2 現状把握・問題点の洗い出し

「個人情報取扱いチェックシート」の活用が有効です。（参考資料）
内容は、一般的に考えられる点検項目ですので、全てをチェックする必要はありませんが、この結果を基に、必要なルールを全員で考えて作成します。

3 ルールの作成

優先順位の高いものから、一つずつ確実にルール化することが大切です。
「生きたルール」を作ることが大切です。

＜ルール作りの視点 ～「生きたルール」とするために～＞

守れるルール ⇒無理のないルール	◇業務に支障をきたさないか、業務が極端に増えないか ◇サービスが低下しないか、緊急時に支障がでないか、本当に必要なルールか
分かりやすいルール	◇シンプルか、判断に迷うルールになっていないか
一度にすべてやろうと思わない	◇漏えいリスクの高いものから確実に ◇簡単に実施できるものを優先

4 ルールの事例

（1）紙媒体（契約書・訪問介護計画書・記録など）

☐ 持ち出すことについて、事前に所属長の承認を得る。
☐ 持ち出す書類は、当日必要分のみとする。
☐ 個人が特定できる内容は、すべてマスキング（覆い隠すこと）する。
☐ バッグは車道側の手で持たない。身体から離さないようリュックサックを使用する。

(2) FAX 送信

☐ 送信先は、あらかじめ短縮登録し、送信時は指差し確認する。
☐ FAX 番号を入力する時は、必ず別の人が入力内容を確認し、ダブルチェックをしている。

(3) E メール送信

☐ 送信先のアドレスは、直接入力せず、あらかじめアドレス登録しておく。
☐ アドレス登録は相手先からの受信メールを登録し、アドレスの入力ミスを防ぐ。
☐ 初めての送信先には、空メールを試送信して返信をもらった上で、あらためて送信する。
☐ 添付ファイルには、必ずパスワードを設定し、パスワードは別に連絡する。

IX 個人情報保護についての大切な心構え

1 個人情報保護法とは

特別なことや新しいことを定めたものではなく、「私たちが当然やるべきこと」をあらためて法律という「形」にしたものなのです。

2 個人情報は誰のもの？

私たちが扱っている利用者等の個人情報は、「サービスを提供するために必要な情報を利用者等から了解を得てお借りしている」のです。

個人情報の取扱いへの取り組みが、「面倒なこと」「やらされていること」ではなく、「当たり前のこと」「やるべきこと」であるという姿勢が、事業所の中に根付いていることが何より大切です。

①紙媒体取扱いの留意点　個人が特定できる内容は、マスキングしましょう。

②ＦＡＸ送信時の留意点　短縮登録・指差し確認・ダブルチェックをしましょう。

Chapter 3

【参考資料】個人情報取扱いチェックシート

	個人情報の適正管理のための点検項目	○	△	×
1	職員に個人情報を取り扱っているという緊張感がある			
2	漏えい等の事件、事故発生時の対応手順が周知徹底されている			
3	どのような個人情報を扱っているか、個人情報の洗い出しを行っている			
4	誤送付など、ミスを未然に防ぐルールを定めている			
5	個人情報を適正に管理するための研修を定期的に実施している			
6	個人情報の交付・発送などの場面で、ダブルチェックを必ず実施している（発送には、郵送・宅配便・FAX・Eメールを含む）			
7	個人情報の持ち出しが業務上必要な場合および特例で認める場合は、ルールを定め、事故防止の対策がとられている			
8	適正な手続きを行わず、利用目的外の個人情報の閲覧、利用、提供等をしていない			
9	パスワードは他人が推測困難なものを使用し、定期的に変更している			
10	パソコンの画面上に個人情報を表示させたまま、個人情報を含む書類を開いたまま離席していない			
11	個人情報は、端末のハードディスクへ保管していない			
12	端末の盗難について、対策をとっている			
13	磁気媒体を廃棄する際は、初期化し物理的に破壊している			
14	他人から受け取った電子メールを第三者に転送する場合、プライバシーを尊重し、必要に応じ相手の承諾を得ている			
15	業務の必要上、個人情報の含まれる帳票類を持ち出す場合、直行・直帰を禁止している			
16	業務上持ち出しが認められている場合、当日必要な分のみ持ち出している			
17	カバンはきちんと閉め、車道の反対側に持つか、たすきがけにしている			
18	自転車、バイクのかごには防犯ネットをかけている			
19	荷物はできるだけ一つにまとめ、常時身に付けている			
20	カンファレンス等で使用した個人情報の入った資料は、回収している			
21	個人情報を使用する際、特定されないよう氏名にイニシャルを使用する等の配慮をしている			
22	定期的に個人情報を含む書類をFAX送信する相手先がある場合、FAX番号を登録している			
23	FAXで個人情報を送信するときは、到着確認をしている			
24	個人情報の含まれる紙は再利用していない			
25	個人情報の記載された用紙を廃棄する際は、シュレッダーにかけている			
26	外部で利用者の話はしていない			
27	携帯電話に、利用者の電話番号は登録していない			
28	相談スペースは、他人に会話が聞こえないように配慮されている			

○ → できている　　△ → どちらともいえない　　× → できていない

6. 災害対応

学習の手引き

ポイント
①災害時に備え、訪問介護サービス事業者として対応すべきことを理解してください。
②災害時に備え、あらかじめ準備すべきことを知ってください。

解　説

I　災害に備えて

　大地震が発生した場合には、事業所の被災や電話・メールも不通になるなど、連絡による適切な指示が出せる状況ではないことが予想されます。このため、災害に備えて利用者・家族や訪問介護員と共に、日頃から対応方法を確認しておき、訪問介護員にあらかじめ指示しておく必要があります。

II　利用者・家族、訪問介護員との確認事項

1　基本的な確認事項
　利用者の枕元や頭上に落下物となりそうな物がないかを確認するとともに、危険と判断される場合には、利用者及び家族の理解と協力を得て、安全の確保に努めます。消火栓の設置場所等についても確認します。

2　緊急避難場所（近隣の小学校や中学校）
　利用者宅が倒壊・焼失したり、その危険がある場合は、まず近隣の小中学校に避難します。
　また、寝たきり等の利用者で避難が難しい場合には、緊急避難場所へ応援を要請します。

3　広域避難場所
　火災が起きて学校が危険になったら、広い公園や大きなグラウンドなど、地域で指定されている広域避難場所へ避難します。

＜留意点＞
迅速に避難することができるよう、事業所内に避難場所の一覧表・地図等を貼り出しておきましょう。

避難場所（公園・グラウンド）をよく確認しましょう。

Ⅲ 訪問介護員への指示事項

1 基本的な指示事項
慌てないこと。
冷静に対応できるように、日頃から基本的事項について確認をしておくことが大切です。

2 屋内にいるとき
大きな揺れが続くのは1分位です。慌てて外へ飛び出さず、丈夫なテーブルなどで利用者と自身の身を守り、様子を見ながら火の始末や避難経路を確保します。

3 屋外にいるとき
（1）落下物から利用者と自身の身を守ることが先決です。周囲の安全を確認しながら、安全な建物や空き地、道路の中央部などへ素早く逃げます。その場にしゃがみこむのは危険です。
（2）利用者を安全に誘導することが難しいと判断される場合には、近くの人に協力を求めます。

Ⅳ 利用者の安否確認

1 基本的事項
災害発生後は、利用者の安否確認を行うことも重要です。中には独居の方や寝たきりの方もいらっしゃいますので、その方々を最優先に行うべきでしょう。
あらかじめ「安否確認リスト」を作成しておき、事業所内での役割分担を決めて、災害に備えましょう。
また、災害時には利用者本人と直接連絡がとれないことも想定されるため、緊急連絡先をあらかじめ確認しておきましょう。

2 関係機関との連携
災害時に備え、介護支援専門員、地域包括支援センター等の関係機関の協力が得られるように、日頃から情報交換、情報共有を図りましょう。

第3章 リスク管理

第4章　スキルアップのための特別編

1. 訪問介護員へのスーパービジョン （p142）

2. ケアマネジメントと訪問介護 （p149）

3. ICF（国際生活機能分類）と生活リハビリ （p152）

4. 介護支援専門員との連携 （p156）

第4章 スキルアップのための特別編

1. 訪問介護員へのスーパービジョン

学習の手引き

ポイント
①訪問介護員が業務をとおして成長するためには、どうすれば良いのかを学びます。
②訪問介護員の育成方法としてのスーパービジョンを学びます。
③支持的スーパービジョンがすべてのスーパービジョンの土台となっていることを理解しましょう。

1 訪問介護員の就業意識

○訪問介護員の仕事を選んだ理由のトップが、「働きがいのある仕事だと思ったから」
○仕事に対する達成感・喜びとして、
　　　　　　「利用者の笑顔」「自分自身の仕事を通じた発見・学習や成長」
○悩みは、「定められたサービス以外の仕事を要求されること」
　　　　　「利用者に適切なケアができているか不安」
○訪問介護員を辞める理由は、「自分や家庭の事情」、「待遇」の次に、「職場の人間関係」が挙げられています。
○仕事で満足度が低い項目として、「仕事ぶりに対する評価」と「教育訓練・能力開発のあり方」が挙げられています。このうち「仕事ぶりに対する評価」は「賃金への不満」として表れています。
（財）介護労働安定センター 2008 年　（「介護労働者の就業実態と就業意識調査結果報告書」より）

2 訪問介護員の能力開発とサービス提供責任者の関係

○サービス提供責任者の取り組みが充実していると、訪問介護員の定着志向が強い。
・訪問介護員の能力・希望に応じた仕事の割り振り
・具体的な援助目標等の指示
・利用者の状況に関する情報伝達
・サービス提供記録の確認によるサービス状況の把握
・同行訪問等による仕事ぶりの把握
・公平な評価
・悩みや心配事の受け止め
・個々の訪問介護員の育成課題の設定
・勉強会や実技研修の開催
・急な休みへの対応
・行動予定等の把握
・訪問介護員の健康管理
・問題事例の吸い上げ・共有化
○訪問介護員もサービス提供責任者が重要と指摘している。
・同行指導等。実務の中でのサービス提供

・サービス提供責任者やベテランの訪問介護員からの実技指導
・勤務先でのミーティングや研修（月例会等）
・担当訪問介護員間の情報交換・ケアカンファレンス
・実務を離れたサービス提供責任者やベテランの訪問介護員からの日常的なアドバイス

【出典】○佐藤博樹・大木栄一・堀田聡子
「ヘルパーの能力開発と雇用管理」　勁草書房　2006年
○「ヘルパーの仕事と働き方に関するアンケート」
東京大学社会科学研究所　2007年

　介護保険制度では、訪問介護は介護福祉士、介護職員初任者研修修了者等の資格がなければサービス提供できません。一方、デイサービスや老人ホームの介護職員は、資格がなくてもサービス提供ができます。つまり、密室での1対1のサービスである訪問介護には、より高い人権感覚や態度が求められていると言えるでしょう。

　介護は「人が人を援助する」ことです。そのため、援助する人の姿勢や考え方がサービスの質に大きく影響します。ここでは、サービス提供責任者が業務をとおしてヘルパーをどのように育成していくのかを見ていきます。

解　説

I　訪問介護員の育成過程

1　資格

　訪問介護員は、介護職員初任者研修修了者、実務者研修修了者等の資格を有しているので、基本的な知識や技術、態度は学習してきています。その基礎知識等と現場で起きていることを結びつけることが大切です。

　※訪問介護事業所における更なる人材確保の必要性を踏まえ、介護福祉士等は身体介護を中心に行うとともに、生活援助については、生活援助中心型サービスに必要な知識等に対応した研修（生活援助従事者研修課程）を修了した人が担っていく方向性が示されました。生活援助中心型サービスは介護福祉士等が提供する場合と新研修修了者が提供する場合とが出てきますが、両者の報酬は同様となります。今後、訪問介護事業所には多様な人材が入ることになりますが、引き続き、利用者の状態等に応じて、身体介護、生活援助を総合的に提供していきます。

2　人材育成の手法

　人材育成には、主に3つの方法があります。
　① OFF-JT（Off the Job Training）：職務を離れた研修
　② OJT（On the Job Training）：職務を通じた研修
　③ SDS（Self Development System）：自己啓発活動への援助

　この中でも、特に日常業務を通じたOJTが大切ですが、決まった形がないだけに、一番難しい手法とも言えます。

3 職場における育成

(1) OFF-JT （職務を離れた研修）

新採用職員を対象とした研修と基準に規定される研修を行うことは、基準上の最低限度必要な研修になります。

そのほかに、基準に規定されている「適切な介護技術の提供」のためには、新しい知識や技術を学ぶ機会を確保することが大切です。

また、平成18年度改正で創設された介護サービス情報の公表制度においては、人権や倫理をはじめ、認知症対応や事故対応など、具体的な項目による研修機会を持つことを期待しています。

(2) OJT （職務を通じた研修）

≪考えてみよう≫

OFF－JTの研修のほかに、OJTとしての訪問介護員の育成機会はどのようなものがあるか考えてみて下さい。

⇒ ① 訪問介護員が初めてサービスを提供するときの「同行訪問」
　② 支援の方向性を検討する「カンファレンス」

このほか、訪問介護員からはサービス提供責任者へ、「相談」という形で現場での悩みが持ち込まれるのではないでしょうか。ここで、サービス提供責任者がどのようなスタンスで訪問介護員と向き合うかが、訪問介護員育成の分かれ道と言えます。

OJTの様子

カンファレンス

同行訪問

Chapter 4

Ⅱ スーパービジョン

1 新人の成長

みなさんが新人から現在に至るまで、どのように成長してきたのでしょうか？

そこには、支えてくれる仲間がいたり、導いてくれるリーダーがいたのではないでしょうか？一人で勝手に育ったわけではないはずです。

<u>訪問介護員の育成には、サービス提供責任者の取り組みが重要</u>であることが調査等で明らかになっています。

2 スーパービジョン

スーパービジョン（super vision）とは、スーパーバイザー（指導する者）がスーパーバイジー（指導を受ける者）に対して行う、対人援助の専門職としての資質の向上を目指すための教育方法です。ここでは、スーパーバイザーをサービス提供責任者として、スーパーバイジーを訪問介護員として解説していきます。

スーパービジョンには、主に下記の表の機能があると言われています。前出の「ヘルパーの能力開発と雇用管理」で示されているサービス提供責任者の取り組みと比較してみましょう。

	内　容	サービス提供責任者の取り組み
管理機能	・訪問介護員が訪問介護サービス事業所という組織の一員として、組織の目的、例えば福祉理念の実現という役割を果たすことができるよう、職場の環境整備や職員関係の調整などを行う。 ・訪問介護員の能力を把握し、能力に応じたケースを担当させるなど、訪問介護員が成長できるように管理する。	・訪問介護員の能力・希望に応じた仕事の割り振り ・具体的な援助目標等の指示 ・利用者の状況に関する情報伝達 ・サービス提供記録の確認によるサービス状況の把握 ・同行訪問等による仕事ぶりの把握 ・急な休みへの対応 ・行動予定等の把握 ・訪問介護員の健康管理
教育機能	・訪問介護員が現在持っている知識・技術・価値観を、実際のサービス提供場面で活用できるようアドバイスしたり、必要な知識・技術・価値観を指導する。	・同行訪問等での指導やアドバイス ・勉強会や実技研修の開催 ・訪問介護員からの相談場面における指導
評価機能	・訪問介護員としての実践能力や成長の度合いを評価する。	・公平な評価 ・個々の訪問介護員の育成課題の設定 ・訪問介護員の学習ニーズの把握 ・業務分担の見直し
支持機能	・訪問介護員が業務上でできていることを認めるとともに、できていないことに訪問介護員が気づき取り組めるよう、サポーティブに支える。	・悩みや心配事の受け止め ・励ましやねぎらい

3 人が学ぶとき

OJT のところで、訪問介護員から相談として悩みが持ち込まれたときのサービス提供責任者の向き合い方が、訪問介護員育成の分かれ道になると解説しました。それは、どのようなことなのかを見ていきます。

訪問介護員の仕事を選んだ理由は「働きがいのある仕事だと思ったから」が最も多く、仕事に対する達成感も「自分自身の仕事を通じた発見・学習や成長」が上位に挙げられていました。良いケアをしたいという意識が高いからこそ、悩みの2位に「利用者に適切なケアができているか不安」が挙げられているものと考えられます。

((財)介護労働安定センター平成20年 「介護労働者の就業実態と就業意識調査結果報告書」より)

人は悩むことで成長すると言われます。「悩みのないところに成長はない」と言うこともできます。訪問介護員の「利用者に適切なケアができているか不安」という相談に対して、サービス提供責任者としてどのような対応が訪問介護員の成長にとって望ましいのでしょうか。

4 スーパービジョンの実際

≪考えてみよう≫事例4

訪問介護員が次のような相談で来所しました。

「『Bヘルパーは何でもやってくれるが、あなたは何でも自分にさせる』と利用者のCさんから言われてしまいました。私は指示どおりにやっているのに、私だけが言われてしまうのは納得できません。

そもそもCさんは何でもご自分でできるのに、依存心が強く、自立支援になっていません。」

質　問：サービス提供責任者として、みなさんはどのような面接をしますか？

回答例：① 「現場では臨機応変に動くことも大切です。その場の状況に合わせて活動して下さい。」
　　　　② 「Cさんもここのところご家族とうまくいっていないみたいだから、指示書どおりでなく、希望されたらやってあげて下さい。」
　　　　③ 「Cさんもヘルパーによって依頼する仕事が変わる方なので、大変だとは思うけれど、仕方がないですね。」

(ア) 悩みを受け止める（支持機能）

　①から③の対応には、訪問介護員への「ねぎらいの言葉」や「訪問介護員の悩みや苦しみの傾聴」といったスーパービジョンの支持機能が見られません。訪問介護員は「指示どおりにしている自分が責められている」「指示どおりに活動しないBヘルパー」に理不尽さを感じています。また、「自立支援が実現されていない」ことは、福祉の価値が揺らいでいる苦しみと言えます。

　⇒　まずは、訪問介護員の悩みや苦しみを傾聴しましょう。悩みや苦しみを傾聴できないサービス提供責任者は、訪問介護員からの信頼を失うだけでなく、アドバイスさえも受け入れてもらうことは難しくなります。支持機能は、他のスーパービジョン機能の土台とな

ることを覚えておいて下さい。

> （適切な回答例）
> サービス提供責任者「それは辛い思いをされましたね。指示どおり業務をしているのに、自分だけが言われてしまうことに納得がいかないと感じているんですね。」
> 訪問介護員「そうなんです。（略）」

(イ) 気づきを促す（教育機能）

一方、Cさんが現在どんな状況で暮らしているのかという訪問介護員の気づきを促す質問がなく、サービス提供責任者が一方的にアドバイスしています。訪問介護員が悩み、悩みの中から自分で考えて成長していく機会を奪う対応になっています。

⇒ 人は、自分で悩み、考えた中からしか体得できないものです。「悩んだ時が成長のチャンス」なのです。しかし、周囲からのアドバイスや上からの指示は、思考を停止させます。サービス提供責任者がアドバイスする言葉を、訪問介護員自身の口から言ってもらえるような、訪問介護員の気づきを促す適切な質問ができるようになりましょう。

> （適切な回答例）
> サービス提供責任者「Cさんは以前からそういう方でしたっけ？」
> 訪問介護員「いえ、ここ最近のことです。…そういえば、最近、ご家族とお出かけした話をされなくなりました。…そうか…ご家族と同居されるようになってから、うまくいっていないようでした。…Cさん、お寂しいんでしょうか…。」

(ウ) チームケアの視点（管理機能）

複数の訪問介護員が入る場合、ケアの方針が統一されているものです。利用者の状況は日々変わります。また、訪問介護員によって利用者の依頼が変わることもよく見られることです。チームとしてそのことをどう扱うかを日頃話し合っておく必要がありますが、この事例ではその管理機能が不足していると言えます。

⇒ チームカンファレンスを開き、他の訪問介護員と情報交換をすることで、「利用者の状況が変化したのか、利用者と訪問介護員との関係性の問題なのか」を明らかにし、必要があればケア方針を見直すことで、問題の解決を図ります。

5　3つの機能の関係

以上のように、スーパービジョンは、スーパーバイザーであるサービス提供責任者が、一方的にスーパーバイジーである訪問介護員を管理・監督したり指導することではありません。また、スーパーバイザーであるサービス提供責任者が、スーパーバイジーである訪問介護員の抱えている悩みや困難を代わって解決してしまうことでもありません。スーパービジョンとは、スーパーバイジーが自らの課題に気づけるよう、スーパーバイザーが意図的にかかわり、スーパーバイジーが専門職として、自らの気づきから成長することを側面から支え促すことなのです。その時、スーパーバイザーはスーパーバイジーの悩みや苦しみを受容し傾聴する「支持的機能」が土台として

あってこそ、「管理的機能」と「教育的機能」が機能するということを忘れないで下さい。
　スーパービジョンとは、「援助者の援助」とも言われます。スーパーバイジーである訪問介護員は、「私はサービス提供責任者に支えられている。」と感じることで、アドバイスや指導も受け入れることができ、自ら気付いて成長していけるのだといえます。

【参考文献】
①村田久行　「ケアの思想と対人援助」川島書店　1998年
②社会福祉法人　奈良県社会福祉協議会　編集
　　　　　　　　　　　　　「ワーカーを育てるスーパービジョン」中央法規出版　2000年
③尾崎新　「『ゆらぐ』ことのできる力」誠信書房　1997年
④相澤譲治・津田耕一　「事例を通して学ぶスーパービジョン」相川書房　2000年
⑤相澤譲治　「スーパービジョンの方法」相川書房　2006年
⑥大塩まゆみ・福富昌城・宮路博
　　　　　　　　　　　　「ホームヘルパーのためのスーパービジョン」ミネルヴァ書房　2002年

2. ケアマネジメントと訪問介護

学習の手引き

ポイント
①なぜケアマネジメントが必要なのかを理解しましょう。
②ディマンズ(要望)とニーズ(生活全般の解決すべき課題)の違いについて理解しましょう。
③ニーズ優先アプローチの重要性を学びましょう。
④アセスメントの重要性について理解しましょう。

解説

I ディマンズ(要望)とニーズ(生活全般の解決すべき課題)

1 ディマンズからニーズへ

　ディマンズだけに基づいた居宅サービス計画や介護サービスは、できなくなったことに対症療法的に対処するだけで、根本的な解決につながらない傾向があります。また、要望されたことだけに対応するため、要望されないことには目が行きません。その結果、「自立支援」や「介護予防」にならないことが多くなると考えられます。そこに、ディマンズを受けて、「できなくなった原因を究明する」ために、専門的視点によるアセスメントが必要になります。

2 ディマンズとニーズのすりあわせ

　しかし一方で、本人や介護者が要望しているディマンズを無視した居宅サービス計画や介護サービスは、専門職の一方的な支援になり、本人や介護者から居宅サービス計画や介護サービスそのものが拒否されることにつながる恐れがあります。そこで、ディマンズとのすり合わせが必要になります。

3 ニーズとは

　以上のように、「自立支援」を目指すためには、ディマンズをもとに、生活を困難にしている課題をアセスメントし、ニーズとして抽出することが必要になります。つまり、ニーズとは、生活を困難にしている根本的な原因とも言えます。

4 サービス優先アプローチとニーズ優先アプローチ

　居宅サービス計画も訪問介護計画も、ニーズを出発点にして考えていくことが重要です。くれぐれも、要望や困ったことだけを聞いて、「訪問介護が必要だ」とサービスに直結させない視点が必要です。前者を「ニーズ優先アプローチ」といい、後者を「サービス優先アプローチ」といいます。

```
┌─────────────┐        ┌──────────────────────┐
│  ディマンズ  │   ▶    │        ニーズ         │
│   (要望)    │        │ (生活全般の解決すべき課題) │
└─────────────┘        └──────────────────────┘
                    ▲
        ┌───────────────────────┐
        │ 専門的視点によるアセスメント │
        │   ディマンズとのすり合わせ   │
        └───────────────────────┘
```

Ⅱ ケアマネジメント過程

1 ケアマネジメントの目的

　介護支援専門員は、ディマンズではなくニーズに基づく居宅サービス計画を作成するため、ケアマネジメント過程を踏むこととされています。つまり、<u>ケアマネジメントの目的は、ニーズを抽出して「自立支援」と「QOL の向上」を目指すことにあります。</u>

2 ケアマネジメント過程と訪問介護の関係

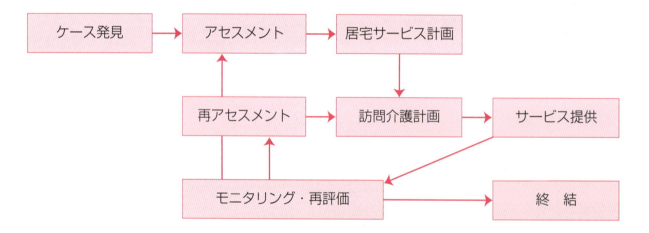

　このケアマネジメント過程は、介護支援専門員だけでなく、同時並行的にサービス提供責任者も踏む過程となります。介護支援専門員の行うアセスメントに引き続き、訪問介護サービス事業者としてより詳細なアセスメントをしていきます。
　また、訪問介護サービスは週に何回か居宅を訪問するため、他のサービスと比較して、<u>モニタリング機能が高い</u>ことが特徴として挙げられます。

Ⅲ アセスメントの重要性

1 アセスメントなきサービスの恐怖

　アセスメントをしないでサービスを提供するということは、医療で考えると、診察もしないで薬を処方するようなものです。例えば、下痢だからといって診察もなく下痢止めを処方したら、

菌が体から排出されず状態が悪化する場合があります。

　アセスメントをしないでサービスを提供するということは、生活課題の解決に結びつかないだけでなく、利用者の状態を悪化させる恐れもあるのです。

2　原因究明のアセスメント

　事例3（第1章「介護保険制度における訪問介護の意義」）においては、「認知症が進んで味つけができなくなってきた」という現象だけをもって、訪問介護員による調理が行われています。調理という生活行為の中で、どこができないのかが具体化されていないため、対策がたてられるはずがないのです。

≪考えてみよう≫事例5

　軽度の認知症のあるCさんは「掃除ができない」という家族の要望で、訪問介護員による掃除の生活援助を受けていました。しかし、きちんとアセスメントをしてみると、Cさんは掃除機のコードに足が引っかかり、掃除機をかけられなくなっていたことがわかりました。それからは、訪問介護員がCさんのかたわらでコードを持ち、声かけをしながらCさん自身で掃除機をかけることにしました。

　でも実際は、このような訪問介護はあまり見られないのも事実です。

⇒　掃除のどこができないのか、そしてそれはなぜできないのか、身体的側面からだけではなく、住環境や介護者等の環境的側面、さらに意欲やうつ状態から掃除をする気にならないなどの心理的要因など、<u>多方面から把握する必要があります</u>。

　次の項目では、多方面からの把握について、ICF（国際生活機能分類）の考え方から学びます。

【参考文献】
　①竹内孝仁　「ケアマネジメント」　医歯薬出版　1996年
　②和田行男　「大逆転の痴呆ケア」　中央法規出版　2003年

3. ICF（国際生活機能分類）と生活リハビリ

> **学習の手引き**
>
> **ポイント**
> ① ICF（国際生活機能分類）の考え方を理解しましょう。
> ② 生活機能の維持・向上と訪問介護の関係を考えてみましょう。

解　説

I　ICF（国際生活機能分類）の考え方

1　ICF（国際生活機能分類）とは何か

ICFは、2001年に世界保健機関（WHO）により採択された考え方です。

それまでのICIDH（国際障害分類）では、機能障害（impairment）・能力障害（disability）・社会的不利（handicap）という3分類で障害を理解していましたが、マイナス面を重視した用語・考え方になっていました。ICFでは、プラス面を重視した用語・考え方になっています。

2　ICFの特徴

(1) すべての関係者の共通言語

専門職だけでなく、利用者・家族等の当事者を含めた、すべての関係者の相互理解と協力のための共通言語としてつくられました。

(2) マイナス面よりもプラス面を重視する

「できないこと」より「できること」に着目をします。

(3) 環境面の影響も含めて生活機能を見る

利用者の抱える生活上の問題は、単に病気や障害から来るわけではなく、個人の能力と環境のもつ力の相互作用から起きてくると考えます。

(4) 心身機能・身体構造よりも活動重視

リハビリをして歩けるようになったら外出するのではなく、外出することで心身機能が向上する、という考え方をします。

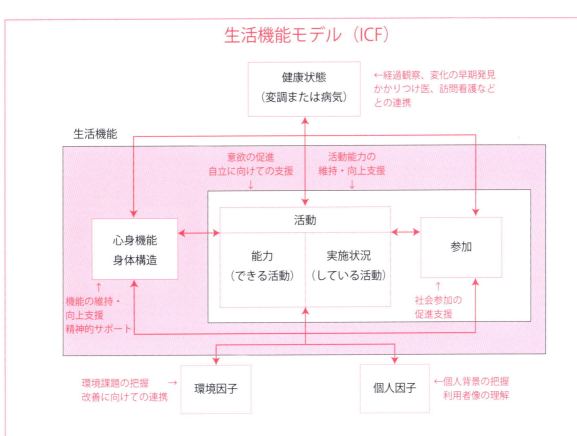

生活機能モデル（ICF）

【ICFにおける用語の定義】

心身機能：体の働きや精神の働きのこと
機能障害：心身機能が障害された状態
　　　　　例）身体の麻痺、筋力低下、認知症、腎不全など
身体構造：体の一部の構成（肢体、器官など）のこと
構造障害：身体構造に問題が起こった状態
　　　　　例）手足の切断、指の欠損など
活　　動：個人が生きていく上で必要な行動や行為、動作のこと
　　　　　例）歩行などのADL、買い物や調理などのIADL、読む、書くなど
活動制限：活動が困難になった状態
参　　加：社会的な出来事に関与したり、役割を果たしたりすること
　　　　　例）主婦として、父親としての役割を果たす、友人関係の中での役割、地域社会での役割
参加制約：参加が困難になった状態
環境因子：人々が生活し、人生を送っている物的な環境や社会的環境
　　　　　例）支援機器、家族・介護者などの人的環境、社会の意識や態度、法制度、行政や各種のサービス（保健、医療、福祉、教育など）
個人因子：個人の人生や生活の特有な背景、特徴
　　　　　例）性別や年齢、性格、教育歴、職業、過去の経験など

出典　大川　弥生著　「介護保険サービスとリハビリテーション」中央法規出版　2004年
　　　より一部改変

3 「できる活動」と「している活動」

　活動は、「できる活動」と「している活動」の二方面からのアセスメントが必要です。「できるけれどもしていない」場合は、その原因を把握し、「何があればできるようになるのか」を利用者と一緒に考えることが重要です。

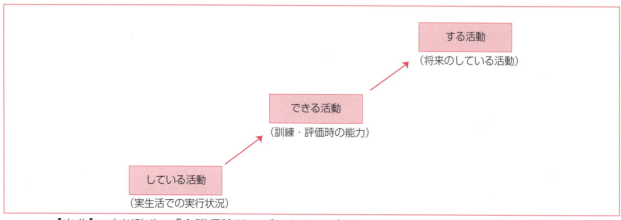

【出典】　大川弥生「介護保険サービスとリハビリテーション
　　　　　　―ICFに立った自立支援の理念と技法」　中央法規出版　2004年

4　活動と参加から考える

①　肺炎で入院⇒下肢筋力が低下⇒買い物に行けない⇒訪問介護員の買い物代行
②　訪問介護員と買い物に行く⇒下肢筋力が向上⇒１人で買い物ができる

　①は、ICFの図で、「身体機能」が低下しているので「生活機能」も低下する結果、「参加」に制約が出てくるという考え方です。この考え方は、どうしても「下肢筋力をつけてから、買い物に行く」となりがちです。
　一方②は、「身体機能」が低下していても、「参加」することによって「生活機能」が向上し、結果として「身体機能」が向上するという考え方です。

≪考えてみよう≫事例６

　老人病院から入所されたBさんは、病院の救急車のストレッチャーで入所されました。
　足も尖足で寝たきりです。でも、Bさんの上肢は動きます。そこに着目し、食後のおしぼり洗いをリハビリ項目に入れました。
　入所から半年も経った頃、ストレッチャーからリクライニング車椅子、さらに自走式車椅子へと状態が上がりました。床に足がつくようになり、尖足はすっかりなくなっていました。おしぼり洗いが生きがいになっていたBさんは、車椅子から立ち上がっておしぼりを洗うまでになっていました。
　　　　　（※）尖足…足関節が底屈（下方）になり、背屈（上方）に動かせない状態

Ⅱ　生活リハビリの有効性

1　手段としてのリハビリ

　介護保険制度の目的は「自立支援」です。しかし、「自立支援」の意味をきちんと理解していないと、

事例1（第1章「介護保険制度における訪問介護の意義」）のようなことが起こります。さらに、人は訓練のために生きているのではありません。「自立支援」が訓練人生を強制してしまうことは、手段と目的を履き違えていることにほかなりません。

2　生活のためのリハビリ

> ≪考えてみよう≫事例7
>
> 　リハビリを推し進めていたAさんから、ある日「歩けたからって何の意味があるんだ？行くところも会う人もいないのに……。」と言われ、衝撃を受けたとともに、考えさせられました。
> 　どんなにリハビリテーションやトレーニングに意味があっても、ついた筋力や能力が生活行為やさらには人生と結び付いていなければ、リハビリテーションやトレーニングは、人が生きていく上で意味がないということを教えてもらいました。

3　生活こそがリハビリ

> ≪考えてみよう≫事例8
>
> 　デイサービスでは毎朝ラジオ体操をしますが、Cさんは「右腕が上がらないので、ここまで」と言って肩までしか上げません。しかし、Cさんは訪問介護員と一緒に洗濯物干しをする時は、右腕を肩より上げて洗濯物を干しています。

　事例6と事例8は、人は「目的があれば身体も動く」「気持ちが動けば身体も動く」ことを教えてくれています。「訓練のための訓練」ではなく、「生活」という目的があるからこそ、身体が動くということです。生活行為にまさる訓練なしと言えます。特に介護場面では、「生活行為のためのリハビリ的視点」を持ち、「リハビリ的視点を生活行為に置き換える」ことが必要になります。

　例えば、歩行訓練が必要な人であれば、買い物に一人では行けないのですから、買い物に行くという生活行為に置き換える。事例8のように右腕を上げるリハビリが必要な人であれば、洗濯物干しという生活行為に置き換える。つまり、「生活をする上であたりまえのこと」を支援することが、「自立支援」や「介護予防」につながるのです。

　重い障害があっても生活に大きな支障がない場合と、障害がなくても生活に大きな支障を抱える場合があります。単に病気や障害という視点だけでなく、「人が生活する」とはどういうことかを考えるところから、訪問介護の「自立支援」と「介護予防」を考えていきましょう。

【参考文献】
①大川弥生　「介護保険サービスとリハビリテーション」中央法規出版　2004年
②大田仁史　「『老い方』革命」講談社　2004年
③「国際生活機能分類　－国際障害分類改定版－」中央法規出版　2002年

4. 介護支援専門員との連携

学習の手引き

ポイント
① 居宅サービス計画を理解しましょう。
② ケアマネジメント過程に沿った連携ができるようになりましょう。

解　説

Ⅰ　居宅サービス計画の理解

　居宅サービス計画の構成と考え方を理解し、「自立支援」や「介護予防」の視点にたった訪問介護計画を作成することが大切です。（次ページより第1表～第3表）

　運営基準第24条において「居宅サービス計画に基づいて訪問介護計画を作成すること」とされています。しかし、これは単に介護支援専門員から指示されたサービス内容を訪問介護計画に位置づけることではありません。サービス担当者会議等において、サービス提供責任者としての専門的視点から、介護支援専門員に対して提案能力を持つことが求められています。

Ⅱ　介護支援専門員との連携

介護支援専門員との連携について、ケアマネジメント過程に沿って考えます。

① アセスメント
　　介護支援専門員の一次アセスメントを受けて、訪問介護として更に掘り下げた二次アセスメントを実施しますが、その結果を介護支援専門員にフィードバックすることで、居宅サービス計画はより充実したものになります。

② サービス担当者会議
　　介護支援専門員が作成した居宅サービス計画原案について、専門的視点から意見を述べます。介護支援専門員は基礎資格が多様なため、サービス提供責任者には、介護支援専門員が見落としている訪問介護のニーズ等を的確に把握し提案する能力が求められます。

■ 居宅サービス計画書（1）【第1表】

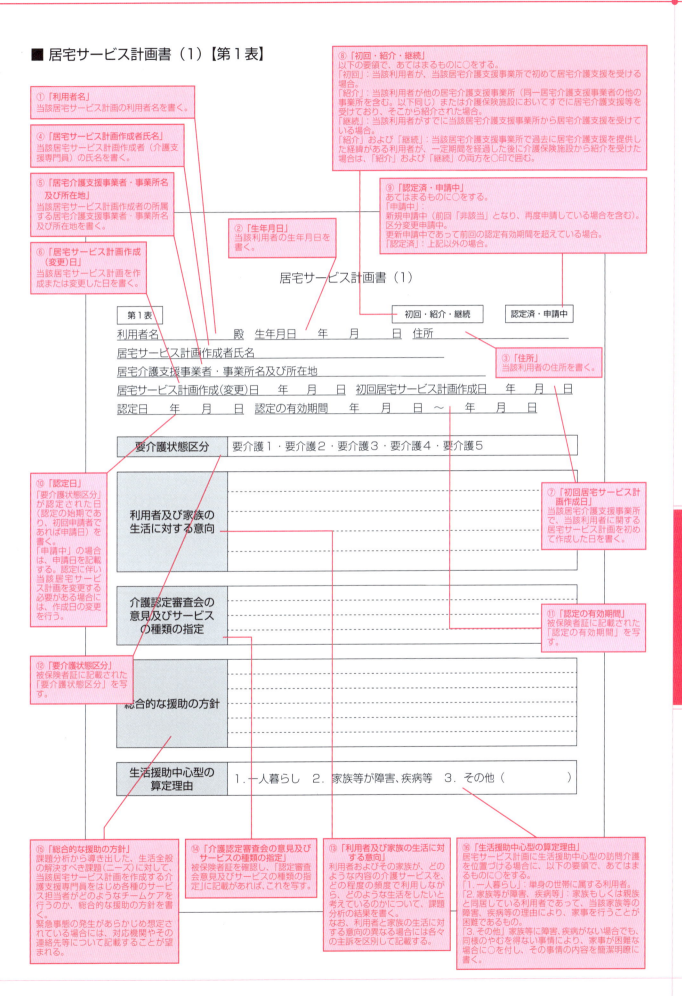

■ 居宅サービス計画書（2）【第2表】

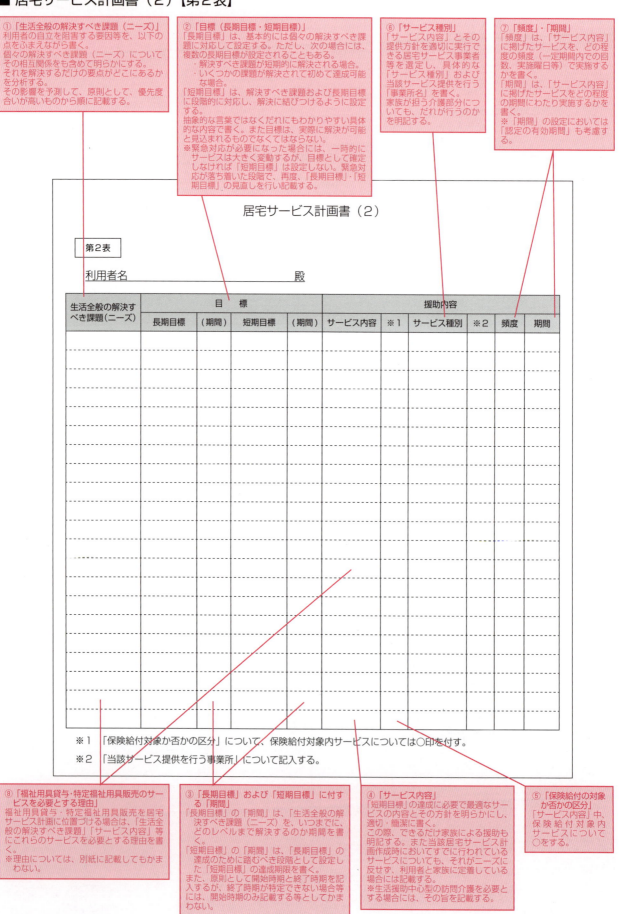

① 「生活全般の解決すべき課題（ニーズ）」
利用者の自立を阻害する要因等を、以下の点をふまえながら書く。
個々の解決すべき課題（ニーズ）についてその相互関係をも含めて明らかにする。
それを解決するだけの要点がどこにあるかを分析する。
その影響を予測して、原則として、優先度合いが高いものから順に記載する。

② 「目標（長期目標・短期目標）」
「長期目標」は、基本的には個々の解決すべき課題に対応して設定する。ただし、次の場合には、複数の長期目標が設定されることもある。
・解決すべき課題が短期的に解決される場合。
・いくつかの課題が解決されて初めて達成可能な場合。
「短期目標」は、解決すべき課題および長期目標に段階的に対応し、解決に結びつけるように設定する。
抽象的な言葉ではなくだれにもわかりやすい具体的な内容で書く。また目標は、実際に解決が可能と見込まれるものでなくてはならない。
※緊急対応が必要になった場合には、一時的にサービスは大きく変動するが、目標として確定しなければ「短期目標」は設定しない。緊急対応が落ち着いた段階で、再度、「長期目標」・「短期目標」の見直しを行い記載する。

⑥ 「サービス種別」
「サービス内容」とその提供方針を適切に実行できる居宅サービス事業者等を選定し、具体的な「サービス種別」および当該サービス提供を行う「事業所名」を書く。
家族が担う介護部分についても、だれが行うのかを明記する。

⑦ 「頻度」・「期間」
「頻度」は、「サービス内容」に掲げたサービスを、どの程度の頻度（一定期間内での回数、実施曜日等）で実施するかを書く。
「期間」は、「サービス内容」に掲げたサービスをどの程度の期間にわたり実施するかを書く。
※「期間」の設定においては「認定の有効期間」も考慮する。

⑧ 「福祉用具貸与・特定福祉用具販売のサービスを必要とする理由」
福祉用具貸与・特定福祉用具販売を居宅サービス計画に位置づける場合は、「生活全般の解決すべき課題」「サービス内容」等にこれらのサービスを必要とする理由を書く。
※理由については、別紙に記載してもかまわない。

③ 「長期目標」および「短期目標」に付する「期間」
「長期目標」の「期間」は、「生活全般の解決すべき課題（ニーズ）」を、いつまでに、どのレベルまで解決するのか期間を書く。
「短期目標」の「期間」は、「長期目標」の達成のために踏むべき段階として設定した「短期目標」の達成期限を書く。
また、原則として開始時期と終了時期を記入するが、終了時期が特定できない場合等には、開始時期のみ記載する等としてかまわない。

④ 「サービス内容」
「短期目標」の達成に必要で最適なサービスの内容とその方針を明らかにし、適切・簡潔に書く。
この際、できるだけ家族による援助も明記する。また当該居宅サービス計画作成時においてすでに行われているサービスについても、それがニーズに反せず、利用者と家族に定着している場合には記載する。
※生活援助中心型の訪問介護を必要とする場合には、その旨を記載する。

⑤ 「保険給付の対象か否かの区分」
「サービス内容」中、保険給付対象内サービスについて○をする。

■ 週間サービス計画表【第3表】

「主な日常生活上の活動」
利用者の起床・就寝・食事・排泄など、平均的な一日の過ごし方について書く。
※この様式については、時間軸、曜日軸の縦横をどちらにとってもかまわない。

作成年月日　　年　月　日

週間サービス計画表

第3表

利用者名　　　　　　　　　　殿

		月	火	水	木	金	土	日	主な日常生活上の活動
深夜	4:00								
早朝	6:00								
	8:00								
午前	10:00								
	12:00								
午後	14:00								
	16:00								
	18:00								
夜間	20:00								
	22:00								
深夜	24:00								
	2:00								
	4:00								

週単位以外のサービス

参考文献
社団法人　かながわ福祉サービス振興会
「居宅介護支援　介護予防支援　給付管理　業務マニュアル」
中央法規出版　2007年

③ 居宅サービス計画・訪問介護計画の作成
　居宅サービス計画に基づき、訪問介護の専門的視点を加味した訪問介護計画を作成します。居宅サービス計画で指示されたままの訪問介護計画では、訪問介護の専門的視点が入らないことに留意して下さい。

④ 訪問介護の実施と報告・連絡・相談
　居宅サービス計画や訪問介護計画にない突発的な延長や臨時派遣が必要になった場合、介護支援専門員に連絡することが必要です。利用者の状態の報告とともに、介護支援専門員の給付管理業務の上でも、変更の連絡をすることなく予定外の訪問介護を提供することは、制度上認められていません。緊急で介護支援専門員に連絡がとれない場合も、事後でも連絡をとることが必要です。

⑤ モニタリング
　週に複数回訪問する訪問介護の持つ機能の中でも、特に重要な機能になります。ちょっとした変化でも、介護支援専門員に連絡をすることで、状態の悪化を未然に防ぐことが可能となります。

⑥ 居宅サービス計画の変更
　モニタリングの結果、状態が大きく変わっている場合は、居宅サービス計画を変更する必要が出てきます。
　介護支援専門員から変更をかける場合と、訪問介護事業所から提言していく場合があります。
　また、サービス提供責任者は、実際のサービス提供時間を記録し、著しく居宅サービス計画上の時間と乖離している場合には介護支援専門員に連絡し、介護支援専門員は必要に応じた居宅サービス計画の見直しを行います。

⑦ 訪問回数の多い利用者への対応
　訪問回数の多い居宅サービス計画については、利用者の自立支援・重度化防止や地域資源の有効活用等の観点から、市町村が確認し、必要に応じて是正を促していきます。介護支援専門員が、統計的に見て通常の居宅サービス計画よりかけ離れた回数の訪問介護（生活援助中心型）を位置づける場合には、市町村に居宅サービス計画の届け出を行います。
　地域ケア会議の機能として、届け出られた居宅サービス計画の検証を位置づけ、市町村は地域ケア会議の開催等により、介護支援専門員から届け出られた居宅サービス計画の検証を行うこととなります。また市町村は、必要に応じて介護支援専門員に対し、利用者の自立支援・重度化防止や地域資源の有効活用等の観点から、サービス内容の是正を促します。

【出典】
「居宅介護支援・介護予防支援給付管理業務マニュアル」　中央法規出版　2007年

第5章　様式集

1. 様　式　集 (p162)

2. チェックシート (p169)

第5章　様式集

フェイスシート

記入日：　　年　月　日
記入者：

氏　名			様	男・女	M・T・S　　年　月　日生　　歳	
住　所			TEL		被保険者NO	
			FAX			
認定情報		要介護1　　要介護2　　要介護3　　要介護4　　要介護5				
居宅介護支援事業所			介護支援専門員氏　名		TEL	
					FAX	
地域包括支援センター			担当者氏名			

緊急連絡先	氏　名	続　柄	TEL	家族構成
主治医				
その他の医療機関				

身体状況	既往症	服薬状況

特記事項	

サービス提供記録票

利用者氏名　　　　　　　様　　　　　担当者名：

日　付	活動時間	活動種別	活動内容	利用者の状況など	訪問介護員氏名
／（　）	： 〜 ：	身体介護 （　　分）			
		生活援助 （　　分）			利用者確認印
／（　）	： 〜 ：	身体介護 （　　分）			
		生活援助 （　　分）			利用者確認印
／（　）	： 〜 ：	身体介護 （　　分）			
		生活援助 （　　分）			利用者確認印
／（　）	： 〜 ：	身体介護 （　　分）			
		生活援助 （　　分）			利用者確認印
／（　）	： 〜 ：	身体介護 （　　分）			
		生活援助 （　　分）			利用者確認印
／（　）	： 〜 ：	身体介護 （　　分）			
		生活援助 （　　分）			利用者確認印

第5章　様式集

アセスメント票 ①

作成日： 年 月 日

本人・介護者の1日の生活の様子
時間　　　本人（　　　　様）　　　介護者（　　　　様）
本人及び家族の希望 本人： 家族：
サービス提供上の検討課題
他のサービスの利用状況
緊急連絡先・主治医　　　　　　　緊急連絡先・家族

アセスメント票 ②

作成日： 年 月 日

氏　名	性　別	生年月日	年　齢
様	男・女	M・T・S　年　月　日	歳

担当介護支援専門員氏名	事業所名	連　絡　先
		Tel： Fax：

家族構成　主たる介護者

住宅環境

生活概略

既往歴

受診状況

医療機関	受診科目	担当医	電　話	通院頻度

特記事項・留意点等

アセスメント票 ③

作成日： 　年　月　日

ADL等の状況

歩行：　　　　　　　　　　立位・座位：
排泄：　　　　　　　　　　更衣：
食事：　　　　　　　　　　嚥下：
入浴：　　　　　　　　　　洗面・整容：
聞く：　　　　　　　　　　移動：
見る：　　　　　　　　　　移乗：

IADL等の状況

調理：　　　　　　　　　　買い物：
掃除：　　　　　　　　　　ゴミだし：
洗濯：　　　　　　　　　　通院：
金銭管理：　　　　　　　　電話をかける：
その他：

認知症状の有無

妄想・幻覚・徘徊等

生活上の困りごと

特記事項・留意点

場所：　　　　　　　　　同席者：

訪問介護計画

氏　名		様	生年月日	年　　月　　日	要介護 状態区分	
居宅介護支援 事業所名				介護支援専門員 氏　名		
提供期間	平成　　年　　月　　日　〜　平成　　年　　月　　日					
長期目標						
短期目標						
援助内容	曜日		時間		：　　〜　　：	
						分
						分
						分
						分
						分
長期目標評価						
短期目標評価						
特記事項						
平成　　年　　月　　日 　　　説明を受け同意し、交付を受けました。					お客様氏名	

作成日：平成　　年　　月　　日　　サービス提供責任者

苦 情 記 録

受付日時	年　　月　　日（　　曜日）AM・PM　　：
受付方法	電話　　　来所　　　手紙　　　その他（　　　　）
受付者名	職種　　　　　　　　　　氏名
申出者氏名	（続柄　　　）利用者氏名
申出者の連絡先住所	〒　　　　　　　　　　　　　　　　　TEL　（　）
苦情の対象者	

苦情の内容	苦情発生の日時	年　月　日（　曜日）AM・PM	場所

苦情対象者への事実関係内容	
対応の結果	

再発防止のための指導	苦情の発生理由	
	指導内容	
	今後の対応方法	

第5章 様式集

サービス提供責任者業務チェックシート

NO	項　　目	チェック
1	サービス開始にあたり、利用者（家族）へ重要事項及び契約等の説明を行い、同意を得て交付している。【基準8条】	
2	契約書へ契約期間を明記している。	
3	判断に困った場合は、管理者等に報告・相談している。	
4	居宅サービス計画を受領している。	
5	サービス担当者会議に参加している。また、その記録がある。	
6	居宅サービス計画に沿った訪問介護計画書を作成している。【基準24条2】	
7	訪問介護計画書は、利用者の同意を得て交付している。【基準24条3・4】	
8	訪問介護計画書のモニタリングを実施し、必要に応じ訪問介護計画書の変更を行っている。【基準24条5】	
9	利用者の状態変化やサービスに関する意向を定期的に把握している。【基準28条3】	
10	サービス担当者会議への出席等により、介護支援専門員等と連携している。【基準28条3】	
11	訪問介護員に対し、訪問介護計画書を交付し援助目標・内容を指示するとともに、利用者の状況について伝達している。【基準28条3】	
12	訪問介護員に対し、利用者宅や事業所等において技術指導（研修含む）を実施している。【基準28条3】	
13	サービス提供記録を作成している。	
14	サービス提供記録の記載内容と介護報酬請求内容が一致している。	
15	身体介護は20分以上実施している。	
16	1日に複数回のサービス提供を行う場合、間隔を概ね2時間以上空けている。	
17	「日常生活の援助」に該当しない行為はしていない。（例：草むしり、花木の水やり、ペットの世話、家具・電気器具等の移動、修繕・模様替え、大掃除、窓磨き、家屋の修理、ペンキ塗り、植木の剪定、特別な調理等）	
18	利用者の不在時にサービスを提供していない。	
19	家族に対する生活援助又は家族が行うことが適当である生活援助をしていない。（例：家族の洗濯・調理・買い物・布団干し、利用者の居室以外等の掃除、来客の応対、自家用車の洗車等）	
20	訪問介護には該当しないサービス（リハビリ介助、マッサージ、医行為、代読・代筆、話し相手、単なる見守り・声かけ、理美容等）をしていない。	
21	同居家族がいるという理由だけで生活援助の可否を機械的に判断せず、サービス担当者会議等で個別に判断している。	
22	住居の共有部分について、利用者がその時間にそのサービスを利用する必要性の有無をサービス担当者会議等で個別に判断している。	
23	病院から病院への移動等、居宅を起点・帰着としない外出介助をしていない。	
24	訪問看護と同じ時間帯に位置づける場合、理由が明確で、かつ身体介護で算定している。	
25	訪問入浴や訪問リハビリ等、訪問系のサービスと同じ時間帯でサービスを位置づけていない。	

第5章 様式集

第 6 章　資料編

資料1	介護保険法の体系図	p172
資料2	訪問介護におけるサービス行為ごとの区分等について（老計第10号　平成12年3月17日）	p174
資料3	指定訪問介護事業所の事業運営の取扱等について　　　　（平成12年　老振第76号）	p178

【資料１】介護保険法の体系図

1　指定関係

<table>
<tr><th rowspan="4">居宅サービス</th><th>基準</th><th>制　定</th><th>法令番号</th></tr>
<tr><td>指定居宅サービス等の事業の人員、設備及び運営に関する基準</td><td>平成11年3月31日</td><td>厚生省令第37号</td></tr>
<tr><th>解釈通知</th><th>制　定</th><th>通知番号</th></tr>
<tr><td>指定居宅サービス等及び指定介護予防サービス等に関する基準について</td><td>平成11年9月17日</td><td>老企第25号</td></tr>
</table>

　「地域の自主性及び自立性を高めるための改革の推進を図るための関係法律の整備に関する法律」（平成23年法律第37号及び平成23年法律第105号）及び「介護サービスの基盤強化のための介護保険法等の一部を改正する法律」（平成23年法律第72号）の施行により介護保険法（平成9年法律第123号）が改正され、これまで厚生労働省令で規定していた事業所や施設の人員、設備、運営に関する基準等について、都道府県条例で定めることになりました。
　当テキストでは、厚生労働省令の内容に基づいて記載をしております。業務の実施に当たっては、一部内容に変更が生じている可能性がありますので、条例内容を改めて確認していただきますようお願いいたします。

参考　介護保険法　第74条を一部抜粋

第七十四条　指定居宅サービス事業者は、当該指定に係る事業所ごとに、都道府県の条例で定める基準に従い都道府県の条例で定める員数の当該指定居宅サービスに従事する従業者を有しなければならない。

2　前項に規定するもののほか、指定居宅サービスの事業の設備及び運営に関する基準は、都道府県の条例で定める。

3　都道府県が前二項の条例を定めるに当たっては、第一号から第三号までに掲げる事項については厚生労働省令で定める基準に従い定めるものとし、第四号に掲げる事項については厚生労働省令で定める基準を標準として定めるものとし、その他の事項については厚生労働省令で定める基準を参酌するものとする。

一　指定居宅サービスに従事する従業者に係る基準及び当該従業者の員数
二　指定居宅サービスの事業に係る居室、療養室及び病室の床面積
三　指定居宅サービスの事業の運営に関する事項であって、利用する要介護者のサービスの適切な利用、適切な処遇及び安全の確保並びに秘密の保持等に密接に関連するものとして厚生労働省令で定めるもの
四　指定居宅サービスの事業に係る利用定員

2　介護報酬関係

	基準	制　定	法令番号
居宅サービス	指定居宅サービスに要する費用の額の算定に関する基準	平成12年2月10日	厚生省告示第19号
	解釈通知	制　定	通知番号
	指定居宅サービスに要する費用の額の算定に関する基準（訪問通所サービス、居宅療養管理指導及び福祉用具貸与に係る部分）及び指定居宅介護支援に要する費用の額の算定に関する基準の制定に伴う実施上の留意事項について	平成12年3月1日	老企第36号

【出典】神奈川県　平成21年度指定介護保険事業者集団指導講習会資料より引用

[資料2]

訪問介護におけるサービス行為ごとの区分等について

老計第10号
平成12年3月17日

標記の一部改正にもとづく老振発0330第2号
平成30年3月30日による全文である。

各都道府県介護保険主管部（局）長 殿

厚生省老人保健福祉局
老人福祉計画課長

訪問介護におけるサービス行為ごとの区分等について

訪問介護の介護報酬については、「指定居宅サービスに要する費用の額の算定に関する基準（訪問通所サービス及び居宅療養管理指導に係る部分）及び指定居宅介護支援に要する費用の額の算定に関する基準の制定に伴う実施上の留意事項について」（平成12年3月1日付け厚生省老人保健福祉局企画課長通知）において、その具体的な取扱いをお示ししているところであるが、今般、別紙の通り、訪問介護におけるサービス行為ごとの区分及び個々のサービス行為の一連の流れを例示したので、訪問介護計画及び居宅サービス計画（ケアプラン）を作成する際の参考として活用されたい。

なお、「サービス準備・記録」は、あくまでも身体介護又は家事援助サービスを提供する際の事前準備等として行う行為であり、サービスに要する費用の額の算定にあたっては、この行為だけをもってして「身体介護」又は「生活援助」の一つの単独行為として取り扱わないよう留意されたい。

また、今回示したサービス行為ごとの区分は、あくまで例示であり、実際に利用者に即したサービスを提供する際には、利用者個々人の身体状況や生活実態等に即した取扱いが求められることを念のため申し添える。

---

1 身体介護

身体介護とは、(1) 利用者の身体に直接接触して行う介助サービス（その準備、後かたづけ等の一連の行為を含む）、(2) 利用者のADL・IADL・QOLや意欲の向上のために利用者と共に行う自立支援・重度化防止のためのサービス、(3) その他専門的知識・技術（介護を要する状態となった要因である心身の障害や疾病等に伴って必要となる特段のサービスを提供するための専門的配慮）をもって行う利用者の日常生活上・社会生活上必要なサービスをいう。（仮に、介護等を要する状態等が解消されたならば不要となる行為である。）

※ 例えば入浴や整容などの行為そのものは、たとえ介護を要する状態等が解消されても日常生活上必要な行為であるが、要介護状態等が解消された場合、これらを「介助」する行為は不要となる。同様に、「特段の専門的配慮をもって行う調理」についても、調理そのものは必要な行為であるが、この場合も要介護状態が解消されたならば、流動食等の「特段の専門的配慮」は不要となる。

1-0 サービス準備・記録等

サービス準備は、身体介護サービスを提供する際の事前準備等として行う行為であり、状況に応じて以下のようなサービスを行うものである。

1-0-1 健康チェック
利用者の安否確認、顔色・発汗・体温等の健康状態のチェック

1-0-2 環境整備
換気、室温・日あたりの調整、ベッドまわりの簡単な整頓等

1-0-3 相談援助、情報収集・提供

1-0-4 サービス提供後の記録等

1-1 排泄・食事介助

1-1-1 排泄介助

1-1-1-1 トイレ利用

○トイレまでの安全確認→声かけ・説明→トイレへの移動（見守りを含む）→脱衣→排便・排尿→後始末→着衣→利用者の清潔介助→居室への移動→ヘルパー自身の清潔動作

○（場合により）失禁・失敗への対応（汚れた衣服の処理、陰部・臀部の清潔介助、便器等の簡単な清掃を含む）

1-1-1-2 ポータブルトイレ利用

○安全確認→声かけ・説明→環境整備（防水シートを敷く、衝立を立てる、ポータブルトイレを適切な位置に置くなど）→立位をとり脱衣（失

1-1-1（続き）禁の確認）→ポータブルトイレへの移乗→利用者の清潔介助→元の場所に戻り、安楽な姿勢の確保→ポータブルトイレの後始末→ヘルパー自身の清潔動作
○（場合により）失禁・失敗への対応（汚れた衣服の処理、陰部・臀部の清浄）

1-1-2 おむつ交換
○声かけ・説明→物品準備（湯・タオル・ティッシュペーパー等）→新しいおむつの準備（おむつを開く・尿パッドをとる）→陰部・臀部の皮膚の状態などの観察、パッティング、乾燥→おむつの装着→おむつの具合の確認→着衣・確認・おむつの後始末→ヘルパー自身の清潔動作
○（場合により）おむつから漏れて汚れたリネン等の交換
○（必要に応じ）水分補給

1-1-3 食事介助
○声かけ・説明（覚醒確認）→安全確認（誤飲兆候の観察）→ヘルパー自身の清潔動作準備（利用者の手洗い、排泄、エプロン・タオル・おしぼりなどの物品準備）→食事場所の環境整備（ベッド上での座位保持を含む）→配膳・メニュー・材料の説明→摂食介助（おかずをきざむ、つぶす、吸い口で水分を補給するなどを含む）→安楽な姿勢の確保→食べこぼしなどの処理→後始末（エプロン・タオルなどの後始末、下膳、残菜の処理、食器洗い）→ヘルパー自身の清潔動作

1-1-3 特段の専門的配慮をもって行う調理
○嚥下困難者のための流動食等の調理

1-2 清拭・入浴・身体整容
1-2-1 清拭（全身清拭）
○ヘルパー自身の身支度→物品準備（湯・タオル・着替えなど）→声かけ・説明→顔・首の清拭→胸・腹の清拭→上半身着衣→下肢脱衣→下肢の清拭→臀部・陰部の清拭→下肢着衣→上半身脱衣→背部の清拭→上半身着衣→下肢等の皮膚の観察・確認→水分補給→使用物品の後始末→汚れた衣服の処理→身体状況の点検・確認→安楽な姿勢の確保→ヘルパー自身の清潔動作

1-2-2 部分浴
1-2-2-1 手浴及び足浴
○ヘルパー自身の身支度→物品準備（湯・タオル など）→声かけ・説明→適切な体位の確保→脱衣→皮膚等の観察→手浴・足浴→身体状況の確認→乾かす→着衣→安楽な姿勢の確保→水分補給→身体状況の点検・確認→使用物品の後始末→ヘルパー自身の清潔動作

1-2-2-2 洗髪
○ヘルパー自身の身支度→物品準備（湯・タオルなど）→声かけ・説明→適切な体位の確保→髪を拭く・乾かす→安楽な姿勢の確保→水分補給→身体状況の点検・確認→使用物品の後始末→ヘルパー自身の清潔動作

1-2-3 全身浴
○安全確認（浴室での安全）→声かけ・説明→浴槽の清掃→湯はり→物品準備（タオル・着替えなど）→ヘルパー自身の身支度→排泄の確認→脱衣室の温度確認→脱衣・皮膚等の観察→浴室への移動→湯温の確認→入浴→洗体→すすぎ→洗髪・すすぎ→入浴→体を拭く→着衣→浴室から居室への移動→水分補給→身体状況の点検・確認→髪の乾燥、整髪→浴槽の簡単な後始末→使用物品の後始末→汚れた衣服の処理→身の身支度、清潔動作

1-2-4 洗面等
○洗面所までの安全確認→声かけ・説明→洗面所への移動→座位確保→物品準備（歯ブラシ、歯磨き粉、ガーゼなど）→洗面用具準備→洗面（タオルで顔を拭く、歯磨き見守り・介助、うがい見守り・介助）→居室への移動（見守り）→使用物品の後始末→ヘルパー自身の身体整容

1-2-5 身体整容（自常的な行為としての整容）
○声かけ・説明→鏡合等の準備（見守りを含む）→座位確保→物品準備・整容（手足の爪切り、耳そうじ、髭の手入れ、簡単な化粧）→使用物品の後始末→ヘルパー自身の清潔動作

1-2-6 更衣介助
○声かけ・説明→着替えの準備（寝間着・下着・外出着・靴下等）→上半身脱衣→上半身着衣→下半身脱衣→下半身着衣→靴下を履かせる→着替えた衣類を洗濯物置場に運ぶ→スリッパや靴を履かせる

1-3 体位変換、移動、移乗介助
1-3-1 体位変換
○声かけ、説明→体位変換（仰臥位から側臥位、側臥位から仰臥位、良肢位の確保（腰・肩をひく等）→安楽な姿勢の保持（座布団・パットなどあてがうをする等）→確認（安楽なのか、めまいはないのか、など）

1-3-2 移乗・移動介助
1-3-2-1 移乗
○車いすの準備→声かけ・説明→車いす等の確認→ベッドで端座位の保持→立位→車いすに座らせる→座位の保持（後ろにひくずれを防ぐための物をするなど）→フットレストを下げて片方ずつ足を乗せる→気分の確認

○その他の補装具（歩行器、杖）の準備→声かけ・説明→気分の確認

1-3-2-2 移動
○安全移動のための通路の確保（廊下・居室内等）→声かけ→移動（車いすを押す、歩行器に手をかける、手を引く など）→気分の確認

1-3-3 通院・外出介助
○声かけ・説明→目的地（病院等）に行くための準備→バス等の交通機関への乗降→目的の確認→受診等の手続き
○（場合により）院内の移動等の介助

1-4 起床及び就寝介助
1-4-1-1 起床介助
○声かけ・説明（覚醒確認）→ベッドサイドでの端座位の確保→ベッドからの起きあがり→ベッドサイドでの起立→気分の確認
○（場合により）布団をたたみ押入に入れる

1-4-1-2 就寝介助
○声かけ・説明→準備（シーツのしわをのばし食べかすやほこりをはらう、布団やベッド上のものを片づける等）→ベッドへの移動（両手を引いて介助）→ベッドサイドでの端座位の確保→ベッド上での仰臥位又は側臥位の確保→リネンの快適の確保（掛け布団を気温により調整する等）→気分の確認
○（場合により）布団を敷く

1-5 服薬介助
○水の準備→配剤された薬をテーブルの上に出し、確認（飲み忘れないようにする）→本人が薬を飲むのを手伝う→後かたづけ、確認

1-6 自立生活支援・重度化防止のための見守り的援助（ADL・IADL・QOL向上の観点から安全を確保しつつ常時介助できる状態で行う見守り等）
○ベッド上からポータブルトイレ等（いす）へ利用者が移乗する際に、転倒等の防止のため付き添い、必要に応じて介助を行う。
○認知症等の高齢者がリハビリパンツやパッド交換時後始末が出来るように声かけ、見守りを行うことにより、一人で出来るだけ支援する。
○認知症等の高齢者に対して、ヘルパーが声かけと誘導で食事・水分摂取を支援する。
○入浴、更衣等の見守り（必要に応じて側について歩く、転倒予防のための声かけ、気分の確認などを含む）
○移動時、転倒しないように側について見守る。

○ベッドの出入り時など自立を促すための声かけ（声かけや見守り中心で必要な時だけ介助）
○本人が自ら適切な服薬ができるよう、服薬時における確認、側で見守り、服薬を促す。
○利用者と一緒に手助けや声かけ及び見守りしながら行う掃除、整理整頓（安全確認の声かけ、疲労の確認を含む）
○ゴミの分別が分からない利用者と一緒に分別をしてゴミ出しのルールを理解してもらう又は思い出してもらうよう援助
○認知症の高齢者の方と一緒に冷蔵庫のなかの整理等を行うことにより、生活歴の喚起を促す。
○洗濯物を一緒に干したりたたんだりすることにより自立支援を促すとともに、転倒予防等のための見守り・声かけを行う。
○利用者と一緒に手助けや声かけ及び見守りしながら行うベッドでのシーツ交換、布団カバーの交換等
○利用者と一緒に手助けや声かけ及び見守りしながら行う衣類の整理・被服の補修
○利用者と一緒に手助けや声かけ及び見守りしながら行う調理、配膳、後片付け（安全確認の声かけ、疲労の確認等）
○車イス等での移動介助を行って店に行き、本人が自ら品物を選べるよう援助
○上記のほか、安全を確保しつつ訪問介護員等とともに日常生活に関する動作を行うものであって、利用者ADL・IADL・QOL向上の観点から、利用者の自立支援・重度化防止に資するものとしてケアプランに位置付けられたもの

2 生活援助

生活援助とは、身体介護以外の訪問介護であって、掃除、洗濯、調理などの日常生活の援助（そのために必要な一連の行為を含む）であり、利用者が単身、家族が障害・疾病などのため、本人や家族が家事を行うことが困難な場合に行われるものをいう。（生活援助は、本人の代行的なサービスとして位置づけることができ、介護等を要する状態が解消されたとしたならば、本人が自身で行うことが基本となる行為であるということに留意するこ。）

※ 次のような行為は生活援助の内容に含まれないものであるので留意すること。
① 商品の販売、農作業等生業の援助的な行為
② 直接、本人の日常生活の援助に属しないと判断される行為

2－0 サービス準備等
　サービス準備は、生活援助サービスを提供する際の事前準備等として行う行為であり、状況に応じて以下のようなサービスを行うものである。
2－0－1 健康チェック
　利用者の安否確認、顔色等のチェック
2－0－2 環境整備
　換気、室温、日あたりの調整等
2－0－3 相談援助、情報収集・提供
2－0－4 サービスの提供後の記録等

2－1 掃除
　○居室内やトイレ、卓上等の清掃
　○ゴミ出し
　○準備・後片づけ

2－2 洗濯
　○洗濯機または手洗いによる洗濯
　○洗濯物の乾燥（物干し）
　○洗濯物の取り入れと収納
　○アイロンがけ

2－3 ベッドメイク
　○利用者不在のベッドでのシーツ交換、布団カバーの交換等

2－4 衣類の整理・被服の補修
　○衣類の整理（夏・冬物等の入れ替え等）
　○被服の補修（ボタン付け、破れの補修等）

2－5 一般的な調理、配下膳
　○配膳、後片づけのみ
　○一般的な調理

2－6 買い物・薬の受け取り
　○日常品等の買い物（内容の確認、品物・釣り銭の確認を含む）
　○薬の受け取り

[資料3]

指定訪問介護事業所の事業運営の取扱等について

（平成12年老振第76号）

標記については、指定居宅サービス等の事業の人員、設備及び運営に関する基準（平成11年厚生省令第37号。以下「指定基準」という。）及び平成11年9月17日老企第25号厚生省老人保健福祉局企画課長通知（「指定居宅サービス等事業の人員、設備及び運営に関する基準について」をもって示されているところであるが、今般、訪問介護事業の効率的な運営的な観点から、その一部について、次のように取り扱うこととしたので、貴都道府県内市町村（特別区を含む。以下同じ。）、関係団体、関係機関等にその周知徹底を図るとともに、その運用について遺憾のないよう願いたい。

1 指定訪問介護事業所の事業運営の取扱について

指定訪問介護事業所のうち、その運営規程において、

① 「指定訪問介護の内容」が、身体介護中心型（指定居宅サービスに要する費用の額の算定に関する基準（平成12年2月厚生省告示第19号。以下「算定基準」という。）別表の1の1により単位数を算定する訪問介護をいう。）であることを明示し、かつ、

② 「その他運営に関する重要事項」として、当該事業別表（算定基準別表の1の1により単位数を算定する訪問介護をいう。以下同じ。）を提供する他の指定訪問介護事業所との間で、紹介があれば生活援助中心型の訪問介護の利用申込に関する連携に関するもの及びその内容を規定しているものについては、②の連携に係る事業所から生活援助中心型の訪問介護の利用申込の紹介を受けた場合に、自ら生活援助中心型の訪問介護の提供を行わないものと解する。ただし、指定訪問介護事業所が特定の行為のみに限定することは認められないので、指定訪問介護の提供を行わず、一般に正当な理由とし、指定基準第9条の

なお、実際の運用等に当たっては、以下の諸点に留意されたい。

(1) 指定訪問介護事業所が自ら生活援助中心型の訪問介護及び指定訪問介護の「指定居宅サービス及び指定居宅介護支援に要する費用の額」等において上記のように規定されていることの旨、運営規程において、上記のように規定する者にあっては、指定の申請に際しこの旨の記載が、

・新たに指定を受けようとする者にあっては、指定の申請に際しこの旨の記載が、

・既に指定を受けている指定訪問介護事業所に

し、介護保険法施行規則（平成11年厚生省令第36号）第131条に基づく変更届出、それぞれ必要であること。

なお、都道府県においては、以上の申請又は変更届出の手続きの際に、当該事業所と、生活援助中心型の訪問介護の提供を行わない他の事業所との間の連携の取り決めの内容を十分に確認するとともに、同意を得ること。

(2) 指定訪問介護事業所が自ら生活援助中心型の訪問介護を行わないこととする場合には、利用申込者から生活援助中心型の指定訪問介護を求められた場合には、利用申込者に対して、その旨を十分に説明して、連携関係にある指定訪問介護事業所へ紹介すること。

また、利用申込者から連携関係にある指定訪問介護事業所に定める運営規程に定めた指定訪問介護事業所その他の指定訪問介護事業所を提供すること。

なお、この場合において、連携関係にある指定訪問介護事業所での対応できない場合には、その他の指定訪問介護事業所を紹介することに対応のために必要な措置を講ずること。

(3) 指定訪問介護事業所は、その利用者が行う場合には、指定基準第24条に定める訪問介護計画を作成する際に、(2) の紹介に係るものを含め、生活援助中心型の訪問介護の提供を十分に図りつつ、指定訪問介護の目標等を定めること。

(4) 指定基準第28条により指定訪問介護事業所が行う利用の申込みに係る調整等のサービス提供責任者が行う利用の申込みに係る調整等のサービス内容の管理には、当該事業所の紹介に係るものを含む。

(5) 指定訪問介護事業所が自ら生活援助中心型の訪問介護の提供を行わないこととする場合には、当該事業者は、生活援助中心型の訪問介護の実施地域内の通常の事業の実施地域に含む居宅介護支援事業者に対し、その旨を連絡すること。

なお、当該事項に重要事項に該当するものであり、指定基準第32条に規定する事業所の見やすい場所に掲示することが必要であること。

2 保険給付として不適切な事例への対応について

指定訪問介護の生活援助の範囲は、別紙に掲げるような事例に、保険給付として適切でないと考えられる訪問もあることから、介護支援専門員、利用者宅への訪問時に、別紙に掲げるような事例に、保険給付の範囲を逸脱したサービス提供を求められた場合や、生活援助中心型の指定訪問介護の算定ができない事例において生活援助中心型の訪問介護の提供を求められた場合、指定基準第9条の運用については、以下のとおり、取り扱うこととする。

① 訪問介護員から利用者に対して、求められたサービスが保険給付の対象となるサービスとしては適切でない旨を説明するとともに、その際、生活援助中心型の指定訪問介護として適切で保険給付の範囲として考えられるサービスであるかどうかや、生活援助中心型

訪問介護の対象となるかどうかについて判断がつかない場合には、保険者（市町村）に確認を求めること。

なお、担当の訪問介護員の説明では利用者の理解が得られない場合には、サービス提供責任者が対応すること。

② 利用者が、保険給付の範囲外のサービス利用を希望する場合には、訪問介護員は、居宅介護支援事業者又は市町村に連絡内容に応じて、市町村が実施する軽度生活援助事業、配食サービス等の生活支援サービス、特定非営利活動法人（ＮＰＯ法人）などの住民参加型福祉サービス、ボランティアなどの活用を助言すること。

③ ①及び②の説明があっても、利用者が保険給付の対象となるサービスとしては適当でないサービス提供を求めた場合には、指定訪問介護事業者は、求められた内容のサービス提供を行わずとも、指定基準第9条には抵触しないものと解する。

なお、これらの保険給付の対象外のサービスについても、利用者と事業者との間の契約に基づき、保険給付対象サービスと明確に区分し、利用者の自己負担によってサービスを提供することは、当然可能である。

また、こうした事例への対応については、居宅サービス計画の策定段階において利用者に十分説明し、合意を得ることが重要であることから、指定居宅介護支援事業者にあっても、十分に留意して居宅サービス計画の作成に当たることが必要である。

（別紙）

一般的に介護保険の生活援助の範囲に含まれないと考えられる事例

1. 「直接本人の援助」に該当しない行為

主として家族の利便に供する行為又は家族等が行うことが適当であると判断される行為

- 利用者以外のものに係る洗濯、調理、買い物、布団干し
- 主として利用者が使用する居室等以外の掃除
- 来客の応接（お茶、食事の手配等）
- 自家用車の洗車、清掃　等

2. 「日常生活の援助」に該当しない行為

①訪問介護員が行わなくても日常生活を営むのに支障が生じないと判断される行為

- 草むしり
- 花木の水やり
- 犬の散歩等ペットの世話　等

②日常的に行われる家事の範囲を超える行為

- 家具・電気器具等の移動、修繕、模様替え
- 大掃除、窓のガラス磨き、床のワックスがけ
- 室内外家屋の修理、ペンキ塗り
- 植木の剪定等の園芸
- 正月、節句等のために特別な手間をかけて行う調理　等

巻　末

『社会福祉法人　横浜市福祉サービス協会』のご紹介（p182）

執筆者紹介（p186）

『社会福祉法人　横浜市福祉サービス協会』のご紹介

1　設立の経緯

　昭和55年、21世紀の本格的な高齢社会への対応と老人問題への対策を検討するために、「横浜市老人問題研究会」が設置され、提案のひとつとして「ホームヘルプの新機軸―横浜市在宅福祉サービス協会（仮称）の提案―」が出されました。昭和59年12月に、先駆的開拓的な住民参加型の在宅福祉サービスの供給組織として、「だれにでも」「何でも」「いつでも」「どこでも」という4つの原則のもと、財団法人横浜市ホームヘルプ協会は設立されました。
　平成9年1月に、財団法人という法人格では特別養護老人ホーム等の施設運営ができないため、横浜市と協力して、社会福祉法人横浜市福祉サービス協会として発展的に改組しました。
　平成21年でホームヘルプ事業は四半世紀にわたりますが、老人ホームや地域ケアプラザ（注釈参照）の施設運営などを事業に加え、地域で必要とされる法人として、事業展開をしています。

【参考文献】三浦文夫監修・（財）横浜市ホームヘルプ協会編集
　　　　　　「市民がつくるホームヘルプ　町に生きる」中央法規出版　1992年

2　横浜市福祉サービス協会のあゆみ

昭和59年12月	財団法人 横浜市ホームヘルプ協会設立
	ホームヘルプサービス開始
昭和61年4月	ホームヘルパー育成研修第1回開催
	以後年間5回、通算34回開催し、ホームヘルパーを育成、
	平成4年度より横浜市の委託研修〔国の2級課程研修〕となる
昭和63年10月	訪問入浴サービス開始（平成11年度末事業終了）
平成3年10月	戸塚事務所開設
	ガイドヘルプサービス開始
12月	全国福祉公社等連絡協議会設立（設立時21団体加入）
	本協会の内山陸雄理事長が会長に選出される
平成4年1月	横浜市と共催でヘルパー感謝会開催
10月	一時入所送迎サービス開始（平成11年度末事業終了）
平成5年10月	ホームヘルプサービスの夜間サービスおよび祝日・年末年始のサービス開始
平成6年4月	高齢者用市営住宅等、生活援助員派遣事業の受託運営開始
平成6年10月	港北事務所開設
平成7年3月	10周年記念シンポジウム開催
平成8年10月	横浜市矢向地域ケアプラザ受託運営開始
平成8年11月	24時間巡回型ホームヘルプサービスを西区で開始
平成9年1月	社会福祉法人 横浜市福祉サービス協会に改組
4月	横浜市阿久和ホーム受託運営開始（現横浜市新橋ホーム）
6月	横浜市藤棚地域ケアプラザ受託運営開始
7月	瀬谷事務所開設
8月	横浜市阿久和ホームを横浜市新橋ホームと改名
	新たに特別養護老人ホーム運営開始
10月	難病患者等ホームヘルプサービス開始
	ホームヘルプサービスの365日派遣を開始
	24時間巡回型ホームヘルプサービスを南区で開始
	新橋ホーム・藤棚地域ケアプラザで在宅介護支援センター事業開始
平成10年2月	設立記念講演会開催（パシフィコ横浜国立大ホール）
8月	金沢事務所開設
10月	24時間巡回型ホームヘルプサービス実施地域の拡大
	※6区（鶴見区、西区、南区、金沢区、戸塚区、瀬谷区）
	知的障害者へのガイドヘルプサービス開始
12月	横浜市中山地域ケアプラザ受託運営開始
平成11年5月	横浜市泥亀地域ケアプラザ受託運営開始

平成12年	4月	南事務所、神奈川事務所開設
	5月	新鶴見ホーム運営開始
	6月	横浜市舞岡柏尾地域ケアプラザ受託運営開始
	8月	横浜市磯子地域ケアプラザ受託運営開始
	9月	横浜市大豆戸地域ケアプラザ受託運営開始
	11月	横浜市本牧原地域ケアプラザ受託運営開始
平成13年	2月	横浜市小菅ヶ谷地域ケアプラザ受託運営開始
		横浜市新子安地域ケアプラザ受託運営開始
	3月	横浜市鶴ヶ峰地域ケアプラザ受託運営開始
	5月	横浜市いずみ中央地域ケアプラザ受託運営開始
平成14年	1月	横浜市大場地域ケアプラザ受託運営開始
	3月	横浜市新栄地域ケアプラザ受託運営開始
	4月	横浜市港南中央地域ケアプラザ受託運営開始
	5月	神奈川県より、ガイドヘルパー養成事業者の指定を受ける
平成15年	2月	保土ヶ谷事務所を開設し、瀬谷事務所を廃止
		横浜市星川地域ケアプラザ受託運営開始
		関内第一事務所開設（ガイドヘルプサービス）
	3月	横浜市戸部本町地域ケアプラザ受託運営開始
	4月	関内第二事務所開設（障害者ホームヘルプサービス）
	10月	緑事務所開設
平成16年	4月	関内第二事務所が、介護保険事業者指定を受ける
	7月	横浜市浦舟地域ケアプラザ受託運営開始
		横浜市浦舟ホーム受託運営開始
平成17年	8月	ヘルパーステーション栄開設
	9月	ヘルパーステーションにし開設
		ヘルパーステーション本町通開設
平成18年	4月	地域ケアプラザ、新橋ホーム、浦舟ホームにおいて横浜市より指定管理者の指定を受け管理運営を開始
		地域ケアプラザにおいて、地域包括支援センター事業の受託
		地域支援事業の実施
		地域事務所において、介護予防訪問介護事業所の指定を受け事業実施
		地域ケアプラザ、新鶴見ホーム、新橋ホームにおいて介護予防通所介護事業所の指定を受け事業実施
		地域事務所、地域ケアプラザ、新橋ホームにおいて介護予防支援事業所の指定を受け事業実施
		地域事務所において、障害者自立支援法に基づき指定障害福祉サービス事業者の指定を受け事業実施
		通所介護事業において、サービス提供時間を拡大
		ガイドヘルプサービス事業休止
		介護保険外サービス「はーと・さぽーと」の開始
		公開研修を開始
平成19年	4月	横浜市の外郭団体から関係団体に移行
		はーとプランみなみ開設
		（居宅介護支援特定事業所加算取得事業所）
平成20年	5月	ヘルパーステーション片倉開設
	8月	ヘルパーステーション東戸塚開設
平成21年	6月	ヘルパーステーション泉開設
	8月	横浜市星川地域ケアプラザにおいて認知症対応型通所介護事業所の指定を受け事業開始
	9月	ヘルパーステーション磯子開設
		ヘルパーステーション瀬谷開設

	12月	社会福祉法人横浜市福祉サービス協会 設立25周年記念式典開催
平成22年	3月	ヘルパーステーション青葉開設
		ヘルパーステーション都筑開設
	6月	新鶴見ホームにおいて認知症対応型通所介護事業所の指定を受け事業開始
	7月	ヘルパーステーションこうなん開設
		法人本部を現所在地へ移転
	8月	横浜市舞岡柏尾地域ケアプラザにおいて認知症対応型通所介護事業所の指定を受け事業開始
	9月	横浜市浦舟地域ケアプラザにおいて小規模多機能型居宅介護事業所の指定を受け事業開始（横浜市モデル事業）
	11月	ヘルパーステーション旭開設
	12月	横浜市大豆戸地域ケアプラザにおいて認知症対応型通所介護事業所の指定を受け事業開始
平成23年	2月	福祉用具センター開設
	4月	地域ケアプラザ、新橋ホーム、浦舟ホームにおいて横浜市より指定管理者の指定を受け管理運営を継続
		いずみ中央花みずきが小規模多機能型居宅介護事業所の指定を受け事業開始
		横浜市中山地域ケアプラザ、横浜市鶴ヶ峰地域ケアプラザ、横浜市港南中央地域ケアプラザ、横浜市戸部本町地域ケアプラザにおいて認知症対応型通所介護事業所の指定を受け事業開始
	5月	ヘルパーステーション寿開設
	10月	横浜市矢向地域ケアプラザ、横浜市新子安地域ケアプラザにおいて認知症対応型通所介護事業所の指定を受け事業開始
平成24年	2月	横浜市浦舟地域ケアプラザにおいて認知症対応型通所介護事業所の指定を受け事業開始
	5月	訪問看護ステーションにし開設
	7月	訪問介護員養成研修2級課程を開始
平成24年	8月	定期巡回・随時対応型訪問介護看護を西区で開始
		横浜市磯子地域ケアプラザにおいて認知症対応型通所介護事業所の指定を受け事業開始
	10月	定期巡回・随時対応型訪問介護看護を金沢区と鶴見区で開始
		横浜市泥亀地域ケアプラザにおいて認知症対応型通所介護事業所の指定を受け事業開始
	12月	横浜市本牧原地域ケアプラザにおいて認知症対応型通所介護事業所の指定を受け事業開始
		横浜市大場地域ケアプラザにおいて認知症対応型通所介護事業所の指定を受け事業開始
		横浜市新栄地域ケアプラザにおいて認知症対応型通所介護事業所の指定を受け事業開始
平成25年	1月	訪問看護ステーション金沢開設
	2月	横浜市小菅ヶ谷地域ケアプラザにおいて認知症対応型通所介護事業所の指定を受け事業開始
	4月	新鶴見ホーム新館運営開始
		研修センター開設
	10月	横浜市いずみ中央地域ケアプラザにおいて認知症対応型通所介護事業所の指定を受け事業開始
	12月	定期巡回・随時対応型訪問介護看護を旭区で開始
平成26年	1月	訪問看護ステーションつるみ開設
	4月	地域介護事務所にて、横浜市産前産後ヘルパー及び育児支援ヘルパー事業受託開始

	8 月	定期巡回・随時対応型訪問介護看護を緑区で開始
		定期巡回・随時対応型訪問介護看護を栄区で開始
		定期巡回・随時対応型訪問介護看護を泉区で開始
		定期巡回・随時対応型訪問介護看護を瀬谷区で開始
	11 月	ケアマネステーション磯子開設
	12 月	訪問看護ステーションさかえ開設
		ケアマネステーションさかえ開設
		ケアマネステーションつるみ開設
平成 27 年	1 月	創立30周年記念式典をパシフィコ横浜国立大ホールにて開催
	4 月	訪問看護ステーションあさひ開設
		地域介護事務所において、障害者総合支援法に基づき、指定特定相談支援事業者の指定を受け事業開始
	7 月	福祉用具センター 住宅改修事業を開始
	10 月	北部福祉用具センター開設　福祉用具貸与事業・特定福祉用具販売事業・住宅改修事業を開始
平成 28 年	1 月	ヘルパーステーション都筑移転
	2 月	ヘルパーステーション青葉移転
		浦舟地域ケアプラザにおける小規模多機能型居宅介護事業を廃止
	4 月	清水ケ丘地域ケアプラザ運営開始
		ヘルパーステーション片倉をケアマネステーション片倉と改称し居宅介護支援事業所に、訪問介護事業は神奈川介護事務所に移管
	10 月	いずみ野地域ケアプラザ運営開始
	11 月	デイサービスこぶし廃止
平成 29 年	6 月	本部移転
	7 月	ヘルパーステーションにし移転
		訪問看護ステーションにし移転
		訪問介護看護にし移転
		福祉用具センター移転
		北部福祉用具センター移転
		ヘルパーステーション旭移転
		訪問看護ステーションあさひ移転
		訪問介護看護あさひ移転
	8 月	デイサービスみなまきみらい開設
	10 月	訪問看護ステーションつるみ移転

（注）地域ケアプラザ

　　身近な場所で相談や交流ができるよう、横浜市が独自に整備している地域の拠点施設です。
　　現在では、地域包括支援センターも設置されています。

《執筆者紹介》

新井仁子　　　社会福祉法人　横浜市福祉サービス協会　神奈川介護事務所　所長
　　　　　　　【第1章1・2　　第4章1・2・3・4】

吉村秀文　　　社会福祉法人　横浜市福祉サービス協会　システム課　担当課長
　　　　　　　【第2章7・12　　第3章5・6　　第5章】

小塚恵子　　　元社会福祉法人　横浜市福祉サービス協会　戸塚介護事務所　副所長
　　　　　　　【第2章2・3・4・5・6・11】

田中千尋　　　社会福祉法人　横浜市福祉サービス協会　戸塚介護事務所　所長
　　　　　　　【第1章3・4・5　　第3章1・2】

川口イツ子　　元社会福祉法人　横浜市福祉サービス協会　保土ヶ谷介護事務所　所長
　　　　　　　【第2章1・8・9・10・13　　第3章3・4】

《初版監修者》

吉野明　　　　社会福祉法人　横浜市福祉サービス協会　専務理事

小林靖子　　　社会福祉法人　横浜市福祉サービス協会　地域ケア推進課　課長

新井仁子　　　社会福祉法人　横浜市福祉サービス協会　神奈川介護事務所　所長

《二訂版監修者》

植田幸江　　　社会福祉法人　横浜市福祉サービス協会　在宅ケア推進課　課長

小山健介　　　社会福祉法人　横浜市福祉サービス協会　新鶴見ホーム　事務長

《三訂版監修者》

植田幸江　　　社会福祉法人　横浜市福祉サービス協会　在宅ケア推進課　課長

櫻井俊之　　　社会福祉法人　横浜市福祉サービス協会　在宅ケア推進課　課長補佐

（注　職名・職位は、平成30年6月現在のもの）

三訂版 必携！
サービス提供責任者のための基本テキスト
～業務手引きをズバッと解説～

平成21年6月発行	
平成22年5月第2刷発行	定価　1,540円（税込）
平成23年10月第3刷発行	
平成24年5月第4刷発行	
平成24年8月第5刷発行	
平成25年6月第6刷発行	
平成27年7月二訂版発行	
平成29年3月二訂版第2刷発行	
平成30年7月三訂版発行	
令和3年12月三訂版第2刷発行	

発　　行　　公益財団法人　介護労働安定センター

〒116-0002
東京都荒川区荒川7-50-9
センターまちや5F
TEL 03-5901-3090　FAX 03-5901-3042
http://www.kaigo-center.or.jp

ISBN978-4-907035-52-5　C 3036 ￥1400E
（取扱　官報販売所5114）

図書番号	05705